# 唐番和合

## 加州母親脈上的中國人

伊蓮·桑柏絲〔Elaine Zorbas〕 著

鮑觀海　譯

商務印書館

*Banished & Embraced : The Chinese in Fiddletown and the Mother Lode*
By Elaine Zorbas
©2015 by Elaine Zorbas
This complex Chinese edition published in 2019
by The Commercial Press (H.K.) Ltd.

本館曾以《被遺忘的開拓者》(ISBN 978 962 07 5787 7) 為書名少量印行，
本次出版增加新序，修訂文字重出。

# 唐番和合
## ——加州母親脈上的中國人

作　　者：伊蓮·桑柏絲 (Elaine Zorbas)

譯　　者：鮑觀海

責任編輯：黃振威

封面設計：黎奇文

出　　版：商務印書館（香港）有限公司
　　　　　香港筲箕灣耀興道 3 號東滙廣場 8 樓
　　　　　http://www.commercialpress.com.hk

發　　行：香港聯合書刊物流有限公司
　　　　　香港新界大埔汀麗路 36 號中華商務印刷大廈 3 字樓

印　　刷：美雅印刷製本有限公司
　　　　　九龍觀塘榮業街 6 號海濱工業大廈 4 樓 A 室

版　　次：2019 年 3 月第 1 版第 1 次印刷
　　　　　©2019 商務印書館（香港）有限公司
　　　　　ISBN 978 962 07 5815 7
　　　　　Printed in Hong Kong
　　　　　版權所有　不得翻印

# 目 錄

# 總　序

　　「海外華人新史」系列叢書的構思乃由幾個背景因素所促動。其一，在社會發展及轉變的洪流中，各地早期華人活動的遺跡急速湮沒，地方文獻、文物相繼散失，亟需搶救瀕臨消亡的歷史，並研判其意義。其二，隨着網際資訊的發達，道聽途說、不求實證的「歷史」鋪天蓋地，以訛傳訛的情況嚴重，殊堪浩歎。其三，有關海外華人歷史的中、外文著作各有所長，宜多互參互補，並窮盡中、外文原始資料，採實地考察和深入田野調查的新社會史研究法[1]，以求突破。其四，已有不少學者呼籲治近代海外華人史須採跨國及全球視野[2]，我們則指出，關注華僑／華人、僑居地／定居地[3]間的微妙關係及其轉變的歷史意義，能突顯跨國移民史和比較研究在豐富全球史內容方面的貢獻。其五，海外華人新史的範式也強調，全球華人網絡的形成也端賴各個發揮聯繫功能的連接點，包括在僑鄉與僑居地或定居地間的中介地[4]，其作用可能是關鍵性和樞紐性的。本叢書所要示範的是，細緻的專題和深入的個案分析為比較研究所建立的基礎，其實與海外華人史對全球史所能作出的貢獻息息相關。

　　當然，我們遇到的挑戰絕不少，最大難題可說是文獻、文物的散失。以美國西部加利福尼亞州為例，當地自 1848 年發現金礦，大批華工漂洋而至。其後隨着礦產的開發、鐵路的修築，以至漁業、農業的興起，19 世紀末已有數以百計的埠鎮有華人聚居，形成唐人埠、唐人

街、唐人巷、唐人寮營和漁村等。至上世紀 50 年代，小埠鎮的華人大多已遷至城市謀生，同時加州開始迅速建設高速公路，不少埠鎮一掃而平，蕩然無存。破落的偏遠地區淪為遺址；而在有經濟價值之地，樓房則紛紛易手拆建。唐人街、唐人巷及唐人漁村、蝦寮等漸次消失，文獻、文物隨之散滅。近 20 年經華人團體積極爭取，在公路和高鐵建設過程中所發現的地下文物，小部分得以保存。洛杉磯市中心的華人墓地、聖荷西（San Jose）、奧爾邦（Auburn）和費斯奴（Fresno）的唐人街遺址得以保存，即屬極少數的例子。

儘管資料缺乏，海外華人史研究在近二、三十年也有可喜的發展。在大中華以至海外地區的學術界，從事這方面研究的學者的湧現、大學相關課程的設立、資料搜集和實地考察計劃的開展等漸成趨勢。在社會大眾方面，海外華裔社羣近 20 年興起尋根熱，探訪地方遺址以至祖輩在中國的原居地的歷史考察活動漸多[5]。隨着中國的對外開放，國內僑鄉的華僑後代對先人在海外的經歷、遭遇和生活的歷史也產生莫大興趣[6]。

然而，大眾對華人歷史的興趣加上資訊的發達，促成了一個新現象，就是不少人把個人所「見」所「聞」，甚至未經查證的「研究成果」，放在網上快速流傳，隨之廣被徵引，積非成是，形成不少歷史敍述的誤區，對公眾史識的普及非僅無益，而且有害。此等不專業和不嚴謹的作品，對學界而言，也是極大的困擾。

香港商務印書館邀約我們主編「海外華人新史」叢書，並啟動系列的出版，就是要秉承其重視歷史承傳的傳統和使命，建立學界、文化界和出版界合作的平台。我們擬定有關課題不難，但物色有分量的作者則非易事。可幸的是，現已有近十本專書納入計劃，於 2015 年開始陸續

出版。我們先推出中文書籍,乃因海外華人史的中文著作不多,唯不乏以英文撰寫的學術研究成果。因此,我們除了邀約作者用中文撰寫新書外,亦會翻譯有代表性的英文著作,或逕邀英文書原作者親自修撰中文版。中、外語文能力和中、外文資料的掌握,對治海外華人史這個雙語境或多語境領域的重要性已受到關注,跨越語境所產生的新意可帶來突破已非僅是若干先知先覺者的看法而已[7]。

叢書的特點如下:

範圍與海外華人歷史有關,主題、內容和形式多元化。

作者均為學者及研究者,作品乃其學術研究的結晶,信而有徵。

盡量搶救早期歷史,不忘華僑史與華人史的關係,以抗衡文物、文獻嚴重散失或被誤引所造成的損害,勉力保全歷史資料原貌和故事本身。

學術性與可讀性並重,讓叢書成為學界與讀者之間的橋樑。學術性的要求是為了確保資料翔實,論述嚴謹;可讀性強則能引起公眾對海外華人歷史的興趣。有關內容甚或可用作文化及深度旅遊的參考材料,並有知識轉移的效果,令公眾得益於學界研究,史識得以普及。

叢書重視專題和個案,發掘分佈海外、乃至全球的華人事跡和故事。只有集攏起來,才能全方位彰顯海外華人史的面貌,故叢書將陸續出版。專題個案中的實物圖像和故事性,則有利於史實的活現,亦可補充過去通概式華僑、華人史的不足,增強可讀性,提高社會大眾對歷史的感性認識和理性思考。

目前已邀得作者撰寫並納入叢書出版計劃的第一批專書(以下書名為暫定)包括:《洪門與加拿大洪門史論》(乃以洪門史為切入點的華僑史和加拿大華人史)、《美洲同源會百年史》(論述美洲重要華人社團同

源會的歷史，這是有關該社團的第一本專著）；《唐番和合——加州母親脈上的中國人》和《軒佛（Hanford）唐人巷》（分別以前人研究未及的地方個案，重現美國加州淘金及築路時期的華人生活面貌）；《圖說舊金山唐人街》、《芝加哥唐人街》、《波士頓唐人街》和《美洲西北岸華裔早期歷史》（乃區域性及大城市的華人社會史，以當地一手資料為據）；《遠涉重洋・魂繫中土：早期北美華僑原籍歸葬的慈善網絡》（屬專題史，涉及海外華人的網絡及其樞紐）。尚在約稿過程中的包括東南亞和澳洲、紐西蘭等地的個案，以及香港的角色等研究成果。這些專書的主題，正好反映了叢書內容和形式的多樣化。

　　只有多樣化的內容，方能涵蓋海外華人這個極具多元性和複雜性的課題。單是「華人」一詞，便一直與「華僑」、「華裔」、「華族」等糾結不清[8]。如果「華僑」、「僑居地」等稱謂指涉的是暫時的離家或移居外國，而「華裔」或「華族」則意指已離開中國並長留定居國的中華族裔的話，也許「華人」一詞具有較大的包容性。故本叢書雖以「華人」為題，個別專著所述卻不一而足，因編者深知，愈能多樣化、內容愈豐富，才有比較研究的基礎。我們自己也常遠涉重洋，物色和聯繫作者，並追尋先僑足跡。是故，所謂「新史」，意義之一乃新個案、新課題的發掘和累積，寄望不久的將來便有比較研究的著作面世，不論是定居地各華人社群的比較，抑或定居地之間的比較，如美洲與大洋洲、亞洲等地華人社會的比較[9]。編者現先在此為叢書下一批作品徵稿。

　　為建立堅實的比較研究基礎，叢書在第一階段盡量出版新個案，各書的研究取徑容或不同，無論是社會史角度、文化認同或其他進路，均能對既有研究有所補充[10]，也可能在當世的跨地域和全球化新趨勢刺

激下引發反思。其實，自本世紀初，一向以華僑史、僑鄉史研究著稱的地方已有呼籲，要結束孤立地研究華僑史的狀況，建議將中國近代移民史視為發生於世界移民史上第二個高潮時期的現象<sup>(11)</sup>。自上世紀末至今，海內外學界對跨國和全球屬性的論述，造就了研究方案上的跨國和全球轉向，為使海外華人史不再滯留在中國史或各所在國歷史的邊緣地位<sup>(12)</sup>。例如，在跨國層面，有美國和加拿大的跨境比較，以至「美洲的太平洋史」研究課題的提出<sup>(13)</sup>。至於全球層面，有論「新全球化」與中國近代移民史的關係者<sup>(14)</sup>。在跨國與全球視野方面，有論跨國論述對族羣論述的影響者；也有從資本主義的全球發展看資本、資訊和人口的跨太平洋移動的論者，不一而足<sup>(15)</sup>。可以肯定的是，這些新概念都對海外華人史的研究和撰述發揮影響力；而跨國及全球史的有關理論無論涉及的課題是全球經驗、全球網絡或其他<sup>(16)</sup>，都是海外華人新史範式建立時必須汲取的學術資源。

可預期的是，「海外華人新史」叢書系列除了提供新個案、新專題外，還可以在視野、方法、取材等方面作出貢獻。如前所述，無論個案或專題研究，都難免受到當代的跨國和全球視野影響，卻也無礙在地性或族羣性的展現，因宏觀詮釋與微觀分析並非對立；而整體史的求全性常引領我們回到過去，以推論將來。無論我們所研究的華人社羣是否已消失，其生與滅都對我們當下的存在或未來的去向有所啟示。「未來中的過去」<sup>(17)</sup>或「過去與未來變成現在」<sup>(18)</sup>，此之謂也。我們探索的仍是中國、移居地社會以及全球歷史進程對海外華人的深刻影響。這個領域的「新」，乃因其歷久彌新、方興未艾的特性，也由於史學在方法學、史料學等方面的不斷更新。例如，回到歷史現場的田野考察法、兼用

檔案文獻和實地採訪所得資料的要求等都在影響着海外華人史的研究。但願這個觸覺敏銳的叢書系列有助學界的交流，以及學界與公眾的互動，讓彼此在交流和互動中日日新、又日新。


　　　　　　　　　　　　　　葉漢明 吳瑞卿 陳萬雄　謹識
　　　　　　　　　　　　　　2015 月 3 月 30 日

# 註

（1）　早在上世紀後期，已有人類學家為海外華人研究建立民族志範式，以華人社區為分析單位。有關著作包括陳祥水《紐約皇后區新華僑的社會結構》（台北：中央研究院民族學研究所，1991）等。對這種人類學式研究所作的檢討見李亦園〈中國社會科學院海外華人研究中心成立並舉辦「海外華人研究研討會」祝賀詞—兼論海外華人研究的若干理論範式〉，載郝時遠主編《海外華人研究論集》（北京：中國社會科學出版社，2002），葉春榮〈人類學的海外華人研究：兼論一個新的方向〉，《中央研究院民族學研究所集刊》，75 期（1993）等。至於取社會史進路的作品，則有吳劍雄的紐約及匹茲堡個案研究，見氏著：《海外移民與華人社會》（台北：允晨文化實業股份有限公司，1993）。對「華人社會」概念的討論，參王賡武：〈海外華人研究的地位〉，《華僑華人歷史研究》，2 期（1993）。

（2）　Gungwu Wang, "Migration History: Some Patterns Revisited", in Gungwu Wang, ed., *Global History and Migrations*（Boulder, Colo.：Westview Press, 1997）；Gungwu Wang, "Migration and Its Enemies", in Bruce Mazlish and Ralph Buultjens, ed., *Conceptualizing Global History*（Boulder, Colo.：Westview Press, 1993）.

（3）　關於華僑、華人等概念的討論，見王賡武著，趙紅英譯〈單一的華人散居者？〉，《華僑華人歷史研究》，3 期（1999），及氏著，吳藜譯〈移民地位的提升：既不是華僑，也不是華人〉，《華僑華人歷史研究》，3 期（1995）。

（4）　香港就是這類中介地的表表者。見 Elizabeth Sinn, *Pacific Crossing: California Gold, Chinese Migration, and the Making of Hong Kong*（Hong Kong: Hong Kong University Press, 2013）.

（5）　如近年美國三藩市灣區華裔族羣的尋根活動。

（6）　例如，歸葬祖墳的痕跡雖難以追尋，中國政府和民間對為華僑歸葬而建的義冢都曾加以保護，並肯定其教育作用。

（7）　參單德興：〈序一：亞美研究的翻譯：越界與扣連〉，載梁志英等主編《全球屬性，在地聲音：《亞美學刊》四十年精選集》（上）（台北：允晨文化實業股份有限公司，2012）。

（8）　同註 3。

（9）　有關呼籲見王賡武著，譚天星譯〈海外華人研究的地位〉，收入劉宏、黃堅立主編：《海外華人研究的大視野與新方向 —— 王賡武教授論文選》（River Edge, NJ: Global Publishing Co., Inc.,2002），頁 61，68。

（10）關於海外華人研究的有關範式，見李亦園前引文；參王賡武《中國與海外華人》（香港：商務印書館（香港）有限公司，1994）；陳志明〈華裔和族群關係的研究 —— 從若干族群關係的經濟理論談起〉，《中央研究院民族學研究所集刊》，69 期（1990）。

（11）邱立本《從世界看華人》（香港：南島出版社，2000），頁 3。

（12）前引王賡武著，譚天星譯〈海外華人研究的地位〉，頁 75；劉宏〈跨國華人：實證分析與理論思考〉，《二十一世紀》，71 期（2002）；陳勇〈正視海外華人研究的重要性，拓展中國歷史學的國際視野〉，《華人研究國際學報》，6：2（2014）。

（13）H. Yu, "Towards a Pacific History of the Americas", *Amerasia Journal*, 33: 2（2007）.

（14）前引 Gungwu Wang, "Migration History: Some Patterns Revisited", p. 5.

（15）例見 L. Ling-chi Wang, "The Structure of Dual Domination: Toward a Paradigm for the Study of the Chinese Diaspora in the United States", *Amerasia Journal*, 21:1（1995）.

（16）Bruce Mazlish, "An Introduction to Global History", 見前引 Bruce Mazlish and Ralph Buultjens, ed., *Conceptualizing Global History*.

（17）王賡武著，錢江譯〈海外華人：未來中的過去〉《華僑華人歷史研究》，4 期（1999）。

（18）梁志英著，單德興譯〈序二：過去與未來變成現在〉，載梁志英等主編：《全球屬性，在地聲音：《亞美學刊》四十年精選集》（下）（台北：允晨文化實業股份有限公司，2013）。

# 吳瑞卿 序

2012 年夏天，我和葉漢明教授在加州訪查華僑史遺址 Fiddletown（歷史文獻譯作非立當），那是我第一次到這裏。Fiddletown 地處偏遠山區，未為城市發展所破壞，對比歷史圖片，主街基本上保留了 150 多年前的樣子。小鎮目前人口只有 200 多，本書作者 Elaine Zorbas 和她丈夫是其中兩人。初訪之後經過聯絡，我首先認識了曾經以朝記雜貨店和非立當考古發現撰寫學士論文的 Jane Russel 女士，再認識了 Elaine Zorbas，隨即展開了我們往後的研究交流和友誼。

Fiddletown 位於加州淘金年代的母親脈（Mother Lode）上，乃目前保存美國最早的華人建築、文獻和文物的歷史遺址。這裏在 1850 年代已有華人聚居，朝記雜貨店和另外兩幢夯土建築都是那年代留下來的。朝記雜貨店現在是博物館，仍然保持着 20 世紀初的陳設和不晚於 1965 年的生活用品和藥物、雜貨，包括辛亥革命改朝換代後店主剪下的一條辮子。最引起我注意的是陳列櫃內一本《先友時辰部》，內列開礦年代早期此地華人的原籍和生卒日期，這是郡檔案館另一本重要文獻《非立當捐簽建立咪臣進支部》的一部分。

非立當的中文歷史文獻數量不算多，但都非常珍貴，它保存了目前所見美國華僑史最早的文獻。其中朝記雜貨店留下來 1864 年刊印的《金山昌後堂運柩回唐序》和 1865 年的《香港繼善堂金山番邑運柩節錄》，是淘金年代鄉邑會館為華僑檢骨原籍歸葬的詳細紀錄，現存於阿瑪多爾郡檔案館。

　　前述的《非立當捐簽建立咪臣進支部》是一部毛筆手書，隨年代不斷續記的流水帳簿，也是當地華人在同治九年（1870 年）募款修建墓園和往後維修的捐款徵信錄，最後部分就是從《先友時辰部》抄錄的當地華人生卒紀錄，橫跨 1870 年至 1913 年，涵蓋非立當及附近城鎮。建墓園的緣起、捐款人姓名和原籍、所捐款額，以至建築維修所支出一分一毫、餘款分存哪家商號、如何主持「供會」賺取利息等等，條目款項巨細無遺，反映了 19 世紀礦脈山區華人社羣的生活和經濟運作。從這進支簿我們得知非立當籌建墓園時捐款者以番禺人最多，捐款總額亦最大。南海、順德、番禺三邑人加起來是四邑人的四、五倍。最特別者是一項「女客」，有 33 名婦女捐款。Elaine Zorbas 根據地方檔案及人口普查紀錄，顯示這些婦女大多是妓女，當中少數後來「從良」結婚生子。這文獻也讓 Elaine Zorbas 追溯到 Fiddletown 最後一位華人馮秋有和朝記雜貨店的早期發展脈胳。

　　由此我必須談到 Elaine Zorbas 和她的書在加州華人史的研究和貢獻。Elaine Zorbas 是柏克萊加州大學歷史系學士及南加州大學圖書館科學碩士，退休前是洛杉磯柏沙甸那公立圖書館研究部的主管。她和丈夫購入了 Fiddletown 一個廢棄已久的果園，退休後遷到這裏，花了 10 多年時間搜集資料和研究，已出版有關當地歷史的專著，在研究過程中她進入了華人歷史的世界。本書是她專注深入的研究和扎實的學術根底結合之成果，讀者閱讀時一定能有所體會。

　　我欣賞 Elaine Zorbas 及其著作，首先是她在學術上的嚴謹和客觀態度。英文版原書的副題為 "Banished and Embraced"，即排拒驅逐與欣然接納。19 世紀下半葉至 20 世紀過半，華人自淘金年代已備受欺凌，以後加州與聯邦排華法律陸續出台，排華是不爭的歷史事實。在

"Banished" 方面，Elaine Zorbas 在書中描述不同年代排華的大環境，用眾多的地方政府檔案、報刊和個案來證實這段悲慘的歷史。至於 "Embraced"，雖然不是大主流，但 Elaine Zorbas 從中、英文獻和個案講述華人在排華大環境下與當地白人的交往和被接納，例如早期鎮上一位白人警長多方幫助華人，後來他因手槍走火傷重身亡，華人社區照顧他遺下的孤兒寡婦。又例如馮秋有，他是非立當鎮最後的華人，1885年在當地出生，1965年去世，大半生過着非立當只有他一個華人的日子。Elaine Zorbas 追溯他的身世和生平，寫出一個被欣然接納的個案。朝記雜貨店（博物館）就是馮秋有留下來的。

　　本書的主題是母親脈上和非立當的中國人，Elaine Zorbas 涉獵廣博，研究深入，讀者自能體會。作為美國華僑史研究者，我更重視本書所填補歷史的空白。舉一個重要例子，Elaine Zorbas 在一份 19 世紀的報紙《阿瑪多記錄》(Amador Ledger) 1882年9月15日眾多報道中找到一段不到 100 字的新聞，記載一周前當地華人在焚燒冥鏹的儀式中挖開了二十五個墳墓，把骨殖運回中國。完成本書初稿之後 Elaine Zorbas 仍繼續研究，又發現了《沙加緬度聯合日報》1863年4月4日的一段新聞，記述 4 月 3 日在沙加緬度市大約有三百副放有華人骸骨的棺箱被搬上了 Kate Adams 號起運到三藩市，最終運回中國。這與前面提及金山番禺昌後堂首次檢運骨殖原籍歸葬所刊印 1864 年的徵信錄所記日子相符，從而引起我追查 Kate Adams 號。歷史資料顯示它是 1853 年製造的，乃當時最新的多桅帆船；來往三藩市與亞洲的正是這種「快船」，我們大致可以相信昌後堂在 1863 年 4 月 27 日從三藩市起運骨殖到香港，極有可能就是 Kate Adams 號。

　　Elaine Zorbas 不諳中文，研究華僑史比我們困難得多，但她在學術

上的嚴謹細緻，發掘材料的廣度與深度，除了令我深感佩服，亦曾使多位華人學者在我之前熱誠地協助她，包括已故著名華僑史學者胡垣坤教授也替她翻譯過部分書信。朝記雜貨店留下的文獻經 Elaine Zorbas 和非立當歷史保育委員會的努力，在 2003 年已移往阿瑪多郡檔案館保存。多年前我和她一起去檔案館，逐個打開只有大略點存的箱子查閱，順道也協助把文獻分類封套；Elaine Zorbas 本是圖書館的專業人員，也是檔案館義工。查閱過程中，令人興奮的資料不斷出現。我一面拍攝，一面以口述方式把文件的標題或主題和大概內容翻譯給 Elaine Zorbas 聽，她做筆記和歸類，發現有助她著書或與我研究相關的資料則拍攝下來。之後在她家中坐下來，用我的平板電腦一起逐頁查閱，將關鍵的資料即時譯為英文，由她記下。

就是這樣我們粗略查閱了幾乎所有檔案館的中文歷史文獻；Elaine Zorbas 書中所用中、英文原始資料俱備，我自己也收穫甚豐。路途遙遠，我總是在她家過夜，他丈夫款以自釀的葡萄酒和美食。這種共同發現和研究的經驗，既有效率又能互相啟發，更可謂難忘的樂事。

最後要着重一提，本書涵蓋 1850 年代至 1950 年代百多年間母親脈上淘金鎮的華人歷史，內容充實，每一章節都是根據確證的資料和真實個案而來，是一本嚴謹的學術論著。學術論著往往難以吸引一般讀者，但 Elaine Zorbas 流暢精彩的文筆使本書的可讀性大幅提高。她筆下每一段歷史或地域的描述，都可讓讀者以在腦海中浮現出當年當地的圖畫。每一個真實的個案，都是讓人忍不住追讀的故事。

願此系列叢書能多出版這類原創性的研究成果，以及華人在海外生活的實況和引人入勝的傳奇。

# 地　圖

（地名中譯見〈本書專有名詞英漢對照表〉）

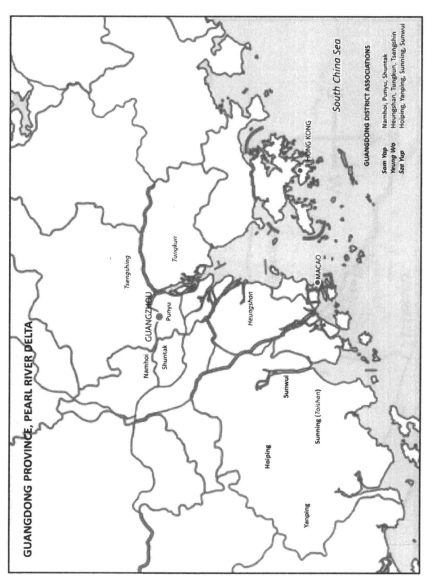

地圖二　廣東省珠江三角州

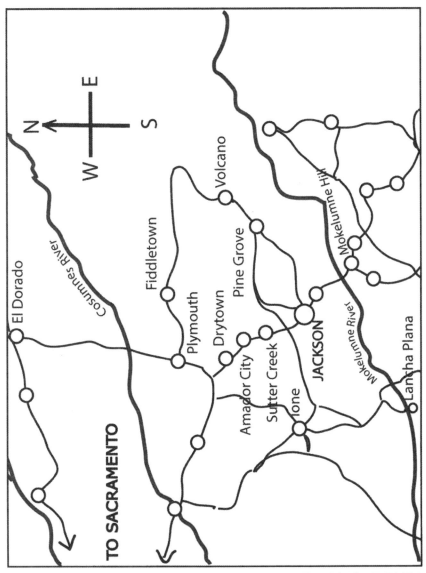

地圖三　母親脈 -- 阿瑪多爾郡

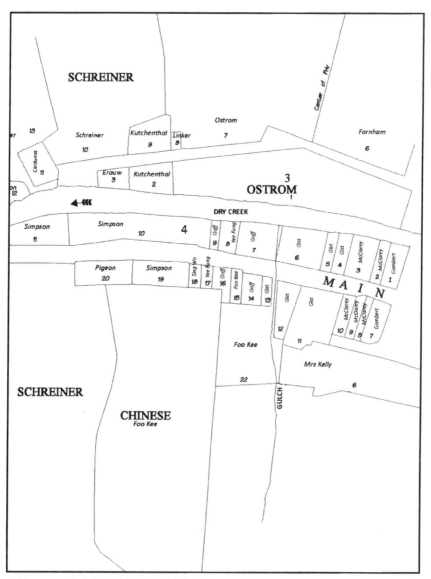

地圖四 1870 年非立當城址地圖（城的東部）

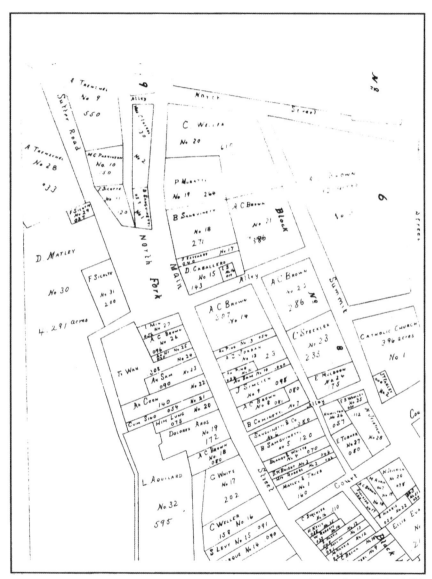

地圖五　1870 年晟臣城址地圖（北大街）

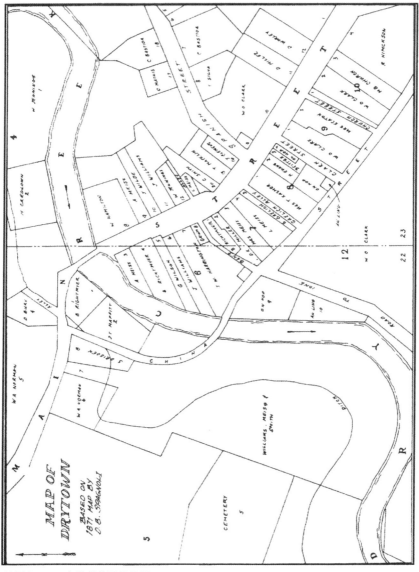

地圖六　1871 年德賴敦城址地圖

# 前 言

## 記錄殘缺：研究工作的障礙

　　想從阿瑪多爾郡或其他地方搜羅有關華人的一手資料會遇上不少困難 —— 特別是在語言方面。中國移民講廣東話，是一種有六個聲調的方言[1]，西方人是很聽不慣的。大部分早期中國移民都是文盲，就算是識字能寫也只會用中文來簽名，美國人根本難以辨認。很少中國人能説英語；就算能説，那些蹩腳的英語都往往被誤解或受到嘲弄；於是政府官員和人口普查員只好瞎猜那些發音了。

　　翻閱華人檔案會發現連篇累牘的姓名都冠以「阿」—— 阿蔡、阿三、阿平……等。政府官員誤把這個音當作姓，其實這只是在廣東話中稱呼別人的時候常用的叫法，在「阿」字後面的才是名字或姓氏或暱稱。例如在 1870 年戾臣區（Jackson area）（第一鎮區）的人口普查記錄中便出現 11 個「阿三」，全部都沒有姓氏。

　　中國人姓名的排列與西方把姓氏放在最後不同。中國人的全名是姓氏居首，然後是名字；因而造成美國政府檔案的混亂，往往把姓和名調轉了；於是在記錄上，姓變成名，名變成姓。例如孫逸仙這個姓名，「孫」是姓，「逸仙」是名；有時名的最後一個字代表排行或輩份，例如「么」（Yow），在美國政府檔案中「Yow」卻被當作了姓氏。

此外，19 世紀並沒有廣東話轉為英文的標準拼法。美國人往往把他們聽錯了的音直接寫下來。由於那些音對說英語的人都是很陌生的，所以很多姓名都是胡亂湊合出來。同一個名字可以有很多不同的英文拼法：「馮」可以是 Fong、Feng 或 Fung；「趙」可以是 Chu、Chew 或 Chow；「余」可以是 Yee 或 Yi；「記」可以是 Kee 或 Ki 等。還有，很多中國人因應不同的年齡或人生階段會有超過一個的名字。商人在姓之後加上「記」來表示商號，但「記」絕非姓氏。

我試圖從網址 Ancestry.com 搜尋，或直接查看人口普查的檔案，希望能從美國人口普查中找到些資料，兩者卻往往令人懊惱，因為很多手跡都難以辨析。在網址 Ancestry.com 可以找到不同鎮區的人口總數以及分別出華人婦女居民，卻無法按姓名（有那麼多中文姓名的不同拼法）或職業來搜尋，因為根本就沒有搜索欄。當我想從不同的非立當華人的人口普查記錄中找出共有的記錄 —— 特別是有關商人的時候，我是完全給 1880 年的人口普查記錄難倒了，因為當中竟然沒有一個姓名是符合之前的人口普查記錄的。很多資料是按個別普查員和他們怎樣聽到而記錄下來的。

阿瑪多爾郡所收藏的 19 世紀檔案還有其他的問題，就是很多資料闕如或不全。只有 1855、1856、1878 至 1879 和 1892 這幾年的郡稅務評估名冊是齊全的，而其他某些年份則只有目錄；而這些資料對辨認業主和他們的物業是很重要的。另外，只有德賴敦（Drytown）和郡內最北的一些小區才保留了商業牌照的記錄。所涉及的範圍雖然包括 1870 至 1885 整個郡，但卻是依鎮區而不是鎮來編排的。

鎮區涵蓋比鎮更大的區域，但每一次的人口普查所包括的範圍卻

不同。好像 1860 年和 1870 年第 6 鎮區的普查包括非立當和鄰近的仙樂都谷（Shenandoah Valley），但到 1882 年以後，被當作村的非立當卻與其他細小的社區納入了第 3 鎮區。

我嘗試從不同的檔案——契約、人口普查記錄、商業牌照、稅務及物業評估等找出相互關連的名字，這真是一項艱巨的挑戰。我手頭上沒有關於住在其他城鎮的華人居民的記錄，就只有從零散的記錄中拼合出一些訊息來，可惜往往無法找到關於個人的資料。

報紙反映一個時代的面貌，因此是很好的原始資料。可惜阿瑪多爾郡的報紙又是不齊全的。有些年份的報紙是全年不見了，又或是只有零星的地方報紙，這情形在 1860 年代尤其嚴重。1880 年代的微型膠卷中有好幾年是散佚了的；幸而在阿瑪多爾郡檔案室尚存有脆弱易損的紙張報紙。我首先向本地報紙中較中立和報道較詳盡的《阿瑪多爾分類》（*Amador Ledger*）查詢。它的競爭對手《阿瑪多爾郡特派》（*Amador Dispatch*）則是擁護南方和惡意反華人的。

19 世紀的報紙就跟今天的一樣，都偏重寫關於死亡和負面的消息。他們經常煽情報道一些有關華人劣行（吸鴉片、嫖娼等）的消息，對反對中國人在美國立足推波助瀾。有關的報道和社評都採用嘲弄輕蔑的口吻，從種族、文化和宗教恣意攻擊華人。他們用「未開化」、「封建」、「三角眼」、「黃臉佬」、「中國佬」、「中國婆」等字來形容華人。從今天的立場來看，這些攻擊是令人難堪、無法忍受的。不過，我要冷靜的提醒自己，那是一個不同的時代——無知、不安和全國充斥着白人至上的優越感。阿瑪多爾郡只是當時局面的一個縮影，受着其他更暴力更惡毒的地區所牽引。

　　我有一個心願，就是要彰顯表揚那些歷盡艱苦、胼手胝足、為加州的發展獻身、到頭來卻被遺忘的眾多華人。但很少關於個人的事跡給流傳下來；有用的日記或隨筆是完全找不到的。於是非立當朝記雜貨店存有的商務通訊、來往信件、賬簿、書籍和文物便成為關於這個緊密的華人社區的的豐富記錄來源了。

註：　中國文字是方塊文字，並不是拼音文字。方塊字是獨體字，每一個字代表不同的音或義。中文字超過 5,000 個，每一個都需要個別掌握記認。粵語（廣東話）和普通話是不同的方言，但書寫文字卻相同。由於華僑大多數說廣東話，本書中的中國人名和地名的英文拼法便沿習慣按廣東話音譯，並在括號內附列按普通話的音譯。唯一例外是廣東（省）的英文採用普通話音譯的 Guangdong、廣州用 Guangzhou 以及清朝用 Qing。美國的人口普查則簡稱為普查。

# 馮秋有 —— 非立當最後一個華人

這一段歷史以馮秋有（Jimmie Chow）的事跡開始，也以之為終結。他是非立當的傳奇。超逾 40 年，曾經聚居於這個在加州塞拉斯（Sierra Nevada）山腳細小淘金城鎮上的華人社區，都是以他為代表人物。他寡言和善、營商有道、深受區內居民愛戴和懷念；他們在他的晚年對他照顧有加。1965 年，他以八十之齡去世，是唯一安葬在非立當公墓的華裔。

馮秋有像　阿瑪多爾郡檔案

他生於 1885 年，正值排華的高峰期，本名馮秋有 Fong Chow Yow（Feng Qiu You）。當時，阿瑪多爾郡內差不多每一個鎮和加州大部分地區都有華人聚居的地區。到了 20 世紀初，只有少數華人在淘金縣鎮留下來，大部分都返回中國或遷徙到好像三藩市（San Francisco）或沙加緬度（Sacramento）之類的大城市去。

秋有留在非立當並且適應了美國的文化，但他從沒有遺忘他的傳

統中國文化。他成了兩種文化的橋樑。他的一生大部分時間都住在非立當的朝記雜貨店，也在那裏留下豐富的歷史文化遺產。多得他的儉樸惜物，商店內放滿了華人的日用品，反映了在商店內不同的住客：中醫 Yee Fung Cheung（只知姓余，缺中文名）、商人朝記（Chew Kee，中文名顏朝、顏滿朝）和妻子細彩（Sigh Choy），還有秋有本人的身影。朝記雜貨店現在已改成一間博物館，把對加州貢獻良多的早期華人移民那段已湮滅的歷史再次呈現出來。

在淘金熱前後以千計在加州掙扎求存的華人當中，馮秋有可以說是象徵人物。他們面對障礙重重，幾十年來日以繼夜的辛勤勞動，卻是前景渺茫；幸而有緊密的鄰里和深厚的文化聯繫，使他們雖處身異鄉，仍能形成一個彼此關連的華人網絡。如果要說在加州冒險的華人有甚麼與眾不同的特質，那就是強大的適應能力。

非立當並不是單一的例子。在阿瑪多爾郡周圍的小鎮反映了更宏觀的背景：遍佈加州的華埠以及針對華人移民的排華運動。本書試圖細心觀察非立當與朝記雜貨店的居民，體驗華人在這些社區中的經歷、他們日常生活中的所得以及承受的壓力。非立當在很多方面都是很獨特的，不單是因為它保留了很多華人遺留下來的東西，更因為它是華僑在艱苦歲月中一個同舟共濟和安身之所。

# 第一章

# 遠在塞拉斯內華達山腳的異鄉

# 阿瑪多爾郡的淘金熱

位於加利福尼亞州（California）東北部的阿瑪多爾郡地處科蘇門斯河（Cosumnes River）與莫凱勒米河（Mokelumne River）之間，連綿的山腳從東面一直伸延至巍峨的塞拉斯內華達山脈。在 1848 年發現金礦之前，這一帶只有零星的美洲原住民米瓦族（Miwuk）在溪旁聚居，他們靠從周圍的森林狩獵回來的野味、從河流捕捉的魚獲，以及從滿山橡樹採集的橡實維生。山上橡樹、杉樹和高松叢生；溪流、小澗和河流清澈，有些還盛產鮭魚和鱒魚。

在淘金熱初期，源於塞拉斯內華達山的莫凱勒米河吸引了礦工到這裏的河岸、河道和河牀開採。1845 年，當阿瑪多爾郡從卡拉韋拉斯郡（Calaveras County）分開出來的時候，這裏成為了兩個郡的分水嶺。戻臣鎮（Jackson）早在兩郡分離之前已經爭取到成為郡政府所在。一年之後，非立當脫離了北面的埃爾多拉多郡（El Dorado County），加入阿瑪多爾郡，兩郡以科蘇門斯河為分界。

「淘金熱」無論從字面上或從意象來看，都說明當時是掀起了一股狂潮。1849 年，成千上萬一心想當礦工掘金的人蜂擁來到加州的山麓，翻泥覆土，在羣山幽谷廣挖深洞，把泥土堆截河流 —— 只希望能在數以百萬年前曾流經而又乾涸了的河流泥石沉積的砂礦中篩檢出金粒和金塊來。 滿佈帳篷的營地匆匆搭蓋起來，但當礦工轉到另一個更可取的地點時又立即被荒棄。營地內大部分是男人，經常進行賭博。最早到來的礦工是加州人、墨西哥人、美國人、智利人和美洲原住民，後來從世界各地的人也到來加入行列。 到中國人大批湧入的時候，大部分的

金砂其實已經開採淨盡了。

　　到了 1850 年代中期，部分採礦營地發展成為市鎮，人口膨漲。由於偏遠地方物資匱乏，商人索取高價，結果他們比大部分淘金者更為有錢。市鎮內需要大量商店 —— 日用百貨店、雜貨店、五金店、馬廄、旅館、食肆、客棧、舞廳、酒館、賭場、妓院、理髮店、肉店、郵局，甚至釀酒所，以供應迅速發展的社區所需。隨着愈來愈多家庭到來，學校、教堂，以至郵局和互助機構也發展起來。大部分建築物都是採用大量易得卻又易燃的木為主要材料。 市鎮因此經常為大火或大水所毀，然後又重建起來。能夠保存下來較為豪華的房子都是用磚或石建造，安裝了鐵門窗以防火。

1857 年的晨臣（版畫）　阿瑪多爾郡檔案

　　從沙加緬度到塞拉斯山小路上的德賴敦（Drytown）是其中一個最早的聚居點。從北至南，阿瑪多市、塞特溪（Sutter Creek）和昃臣依次排列，每一個都位於河溪旁邊，就近金砂蘊藏量豐富的母親脈（Mother Lode），那裏從深井礦場中開採出以百萬元計的黃金。在昃臣以西 12 哩的艾奧尼谷（Ione Valley）是一片青葱、土地肥沃的地區，最適宜畜牧和耕種不過。艾奧尼市建於 1853 年。在郡的西南面，Lancha Plana 亦在莫凱勒米河旁建立起來。

　　在東面海拔較高的地方有火山鎮（Volcano），位處平坦的草原，四周被山所包圍（因此曾被誤認為火山口），在淘金熱初期因為砂礦開採而繁榮起來。自 1852 年開始，從東來往塞拉斯的移民所採用的路開了分岔，把一批墾荒者帶到火山鎮，使當地的人口和開礦業大大興旺。非

中國礦工採礦情景 *Miner's Own Book*, 1858 年

立當位於郡的東北面山區,就在通往沙加緬度的路上,由於火山鎮設有驛站,因此吸引了淘金者到來。到了 1870 年代,非立當以西 6 哩的普利茅斯(Plymouth)由於開發了多個金礦場,以及在母親脈發現礦脈,因而聲名大噪。所有這些市鎮一直存留至 21 世紀,只有 Lancha Plana 在 1963 年被卡曼奇(Camanche)水庫淹沒之前早已淪為廢墟。郡內一些曾盛極一時的市鎮和營地最後都湮沒了。

# 根在中國，遠赴加州

「遍地黃金，機不可失！」1849 年，全世界到處都迴盪着這呼喊，加州的命運亦因此而改變。這想法遍及美國、智利、墨西哥、歐洲各國、澳洲以及中國。夢想着可一朝致富及改善生活的男人離開家園，遠赴他們心目中這塊黃金遍地之土。在中國，人們稱加州為「金山」，給正身處困境的中國東南部的人帶來憧憬。

以廣州為省府的廣東省位處中國東南部的珠江三角洲地區。這地區面臨南海，因着河流以及澳門和香港這兩個沿海港口，得以接觸外面的世界。大部分中國往外的移民都來自這個由 24 個縣組成的亞熱帶省份，這些縣有很多都有自己的方言，彼此往往很難溝通。

今天，中國是一個世界強國；但在 19 世紀，它的地位可大不相同。當時正值統治了以漢人為主的中國近三百年 (1644-1911[2]) 的滿洲皇權沒落，社會動盪，清朝正要分崩瓦解。這個國家自稱「中國」，千百年來自供自給；君主自認授命於天，遵行一套普及社會各階層嚴緊的倫理以及牢固的傳統。中國以擁有先進文明而自感優越；外國人被視為蠻夷，因而不受歡迎。中國排斥外來的影響和變革，結果在對抗西方入侵和國內叛亂的時候處於劣勢。儘管在 19 世紀末曾經力圖進行現代化，但中國仍難以對抗日本、俄國和歐洲列強的侵略。

就在 1840 年代初淘金熱之前，廣東一帶以及北部沿海受到英國和其他外國入侵。他們偷運販賣鴉片作為對中國的不公平貿易。雖然

---

2　編者按，應為 1644-1912。

1842 年簽訂《南京條約》，開放五口通商以及割讓香港給英國，但西方人在廣東城市營商和居住仍然受到官方的限制。不過，儘管有嚴厲的規定禁止外國人接觸中國人，加州發現金礦的消息還是傳到沿岸居民的耳中，並且不脛而走，一發不可收拾。

促成中國東南方出現移民潮的因素很多。本來因為人口過多、土地貧瘠所造成的窮困，更加因為 1846-1848 年間的洪水氾濫和連年饑荒而加劇。宗族之間的爭鬥和民亂帶來恐慌、報復，以及破壞，而從 1851 年開始長達十三年血腥的太平軍動亂更加使情況惡化。雪上加霜的是先後在該地區定居的兩個宗族和語言截然不同的族羣 —— 客家和本地人之間的衝突和鬥爭。對在這嚴峻惡劣的環境中掙扎求存的農民來說，派遣家中的父親或兒子遠涉重洋期望一朝發達或起碼能找到工作已是一種需求和一個機會。對於商人，亦視此為與外國貿易的商機。滿載中國人的船隻於是揚帆前往世界各地，其中包括加利福尼亞州。

據統計，19 世紀從中國到加州的人中，七成是來自四個統稱為四邑的縣，特別是以前叫新寧的台山縣。台山山多土瘠，缺少耕地供養迅速膨脹的人口，饑荒已是常見。來自這地區的人多數是農夫和工人。另一個主要移民來源地是統稱為三邑的地區。三邑在廣州附近，經濟較為多樣化和發達。來自這些縣的移民很多都是商人或能工巧匠。另一個亦有大量移民的地區是位於珠江三角洲南端現稱為中山的香山。那是以農業和漁業為主的地區。

1852 年，約 20,000 名華人自願從中國到金山來。他們乘坐蒸汽輪船，從香港到達三藩市，艱辛的旅程長達四十五天，甚至超過三個月。旅費有時是向親友湊集借貸；而大部分是由華人掮客或各地方的同鄉

會館墊支約 30 至 50 元，旅客將來得到工作報酬再作償還。雖然有指控說華人勞工是被逼當「咕哩」[3]；但到美國來的華工卻並非受到流行於拉丁美洲和東南亞的強逼合約勞工制度所操控。

為初踏足陌生國度的華僑提供支援安排，同鄉組織的會館起了很重要的作用。會館組織良好和辦事有效，能夠為中國人在商業和法律事務上出頭。新來的華工初到埗下船，便會得到會館派來的鄉親接待。接待員辨認了他們說的方言後，便帶他們到三藩市的宿舍，給他們提供饍食居所，然後派發日常用品和採礦所需的工具。華工繳交會費以保證他們留在這個新國家的時候與會館的聯繫。在他們離開中國之前，會館會給他們簽發得到船公司認可的「出港票」。假如一個人在美國去世，會館會安排把他的骸骨運返中國安葬在宗族的墓地。這些同鄉會為加強法律和保護的力量，組織聯合起來，在美國稱為「六大公司」或「中華總會館」，在與美國官方有關的事務上成為廣東省不同地區和方言的正式代表。

中國的社會倫理與加州的粗獷原始可以說是截然不同。中國擁有五千年的文化，社會非常講求秩序和制度，人們的關係和行為受到規條和法律的規範。這是一個學者和智者受到尊重的國家。中國社會以尊敬祖先和緊密的家庭關係為核心，恪守傳統和有關生死婚姻繁瑣的習俗。

人生的核心主要在家庭和由宗親組成的鄉里，大家都有同一個姓，

---

3　遭綁架到古巴和秘魯的蔗園當勞工或奴隸的中國人。帶貶義的稱呼「咕哩」源自中文「苦力」，意思是辛苦工作的人。

都因為同一個祖先而彼此聯繫起來。根深柢固的儒家倫理思想強調忠孝，子女要絕對尊敬服從父母，子民要盡忠效命君主。兒子要供養年長的父母；出嫁的女兒要離開鄉里住到夫家，有時還要聽命於嚴苛的家姑。很多少女要纏足，除了是美感時尚之外，扭曲了她們的腳，使她們行走不便，就可以常留家中。婦女要負起生育後嗣的重大責任。丈夫可以納妾，特別是如果元配無法給他生一個兒子的情況下。很多時候，幾代同堂住在一起，包括祖父母、未婚子女、已婚的兒子和他們的家庭，甚至可能有守寡的女兒。

　　在大部分情況下，到加州來的主要是男人，他們當中有很多是已婚的。婚姻是非常重要的，因為是家族得以延續的希望。妻子通常待在中國留守着鄉下和丈夫的家園；傳統、經濟環境，以及新世界的艱苦生活，都不容許她們遠涉重洋。就如在淘金熱中湧來的很多人一樣，大部分中國男人最初都沒有打算永遠留下來。肩負起責任養活留在中國的家庭是強大的動力，驅使他們辛勤工作、努力賺錢，然後返鄉。

　　在美國，早期的中國人經常被標籤為「過客」——臨時到來而無意在加州或美國定居的人。當然，這標籤同樣可以應用在從其他國家涉山隔水到來、同懷着可一朝致富的期望、供養在祖國的家庭、然後平安還鄉安享餘生的人。哀哉！很多到加州來工作的人，要忍受極度的辛勞掙扎求存，才能把儲蓄寄回家鄉。這些華僑滿懷希望地來到加州，面對種種困難和這片機會之地向他們所投的敵意，仍能不屈不撓熬過來。有些人甚至飛黃騰達。有些人則無視種種障礙，永久地留下來。

# 採礦及淘金的障礙

## 抵埗

　　大部分從中國到來的華人會與同鄉結伴從三藩市前往淘金區。他們主要取道河流直達內地採礦淘金正進行得如火如荼的山麓。這些外來客坐船沿沙加緬度河和聖華金河（San Joaquin River），到了沙加緬度和斯托克頓（Stockton），然後轉乘馬車、駄馬或步行往塞拉斯山脈北面或南面礦區的營地。阿瑪多爾郡一般被視為南面的礦區的一部分，範圍從科蘇門斯河（Cosumnes River）南到馬里波薩郡（Mariposa County）。儘管沙加緬度有路通往較北的非立當和德賴敦（Drytown），斯托克頓仍然是進入塞拉斯奈華達這些營地和市鎮的主要通道。

　　早在 1851 年，在德賴敦附近已經有華人礦工的蹤跡。這班一心到這新世界當礦工的人通常帶備牀鋪、墊子、衣物，甚至食具到來。他們用扁擔挑着載滿行李和工具的袋子、箱子或籃子。大部分華人移民都穿上藍色長棉袍、寬鬆的藍褲子，以及闊邊三角竹帽。男人頭頂剃光，在腦後留有長長的辮子——統治中國的滿清規定以示忠心的髮式。他們的長相和古怪的言語惹人注目；但他們要努力適應新環境。從中國帶來的木屐換上了重甸甸的皮靴，方便他們在泥濘的路上走以及在寒冷的溪流中淘金。

　　對調角度來看，對大部分從沒有見過白人的中國人來說，西方人的長相同樣陌生，猙獰的面目加上大鬍子看來更是怪異。還有西方婦女落落大方地在公眾場所出現，而且作風獨立，對很多中國人來說也是見所未見的。

## 採礦實況

　　華人礦工散佈於阿瑪多爾郡的河流和小溪旁，幾名男工合成一組挖掘、引水、築堤，以及從河流中的小石沙礫中篩淘出珍貴的金砂來。通常是來自同鄉或同區的鄉里分工合作。很多來自珠江三角洲的華工由於家鄉經常受到洪水氾濫之害，都善於調引流水和建造「丁壩」（用樹幹堆疊而成的長壩）。

　　科蘇門斯河和莫凱勒米河（Mokelumne River），以及沿昃臣溪、塞特溪（Sutter Creek）和其他水道，都可見到一羣一羣的華工。這些礦工很多時候都受排斥而要到白人廢棄了的礦地工作，或者如果成功開採到金礦便被逼放棄。但他們默默地堅毅勤奮工作。到了 1852 年 10 月，後來成為火山區居民的礦工約翰・杜保（John Doble）報道莫凱勒米河的大水令礦務公司無法在那裏營運，但華工卻無視正在上升的河水，仍努力地在河壩上開採。

　　有幾名華人礦工從美國人手中買得並登記探礦權，證明也有華人擁有採礦的權利。例如：Ah Koon & Company 在 1855 年向 George Kreiss 購買了離昃臣市約四分之一哩一個小河谷的探礦權；Ah Lot & Company 在 1858 年向 J. Donaldson 買入莫凱勒米河牀的一個探礦權；五名來自卡拉韋拉斯郡（Calaveras County）的中國人組成的 Ah On & Co. 在 1859 年用 525 元向 W.F. Kearsing 買入莫凱勒米河在 Big Bar Bridge 上游四分之一哩的探礦權。[4]

---

4　1854-1872 年的阿瑪多爾郡契約授予人索引（按：*Amador County Deeds Grantor Index*）還刊載了其他幾個華人購買探礦權的例子，其中包括在昃臣溪南岔口的探礦權。

《阿瑪多爾分類》（*Amador Ledger*）在 1857 年 8 月 15 日的週刊旅遊通訊上有這樣的描述：「在 Big Bar 這裏，中國人建造了 700 碼的河槽，又安置了幾個輪子來抽水⋯⋯我所得到的消息是，今年這條河大部分由中國人擁有了。」[5]

有部分交易涉及多方的合作。1863 年，Louis Martell 公司以 400 元出售 French Hill 的 House Gulch 採礦權予 Lang Fong & Company。合約中包括了意大利牧場（Italian Ranch）的下游溝壑和堤壩的使用權，並聲明「在 Martell 不願使用的時候」，還包括上游的溝壑加上十個流礦槽。不過，Martell 仍保留經由峽谷中間的尾礦管道排放尾礦的權利。Louis Martell 是來自晸臣的鐵匠，他後來在晸臣門（Jackson Gate）和塞特溪路（Sutter Creek Road）交界的地方 ── 即今天 49 號公路旁名 Martell 的地方，開設了旅館、酒館、五金及篷車店「馬爹利驛站」（Martell's Station）。

華人礦工亦因為受到非立當發現金子的消息鼓動，在 1850 年初蜂擁到該區。他們散佈於周圍的山林，就近農莊和人煙稀少的地方，在印第安溪谷（Indian Creek）和乾溪谷（Dry Creek）的北岔開採。水跟金子同樣珍貴。冬天和春天當雨季來臨的時候，溪谷流水不絕。經驗告訴他們夏天和早秋是漫長的乾旱季節。於是他們築起木水槽和壕溝，把水從西南面的蘇科門斯河引進到非立當周圍的乾砂礦。

華人聯同其他礦工從蘇科門斯採礦及挖溝公司（Cosumnes Mining and Ditching Company）的壕溝抽水作採礦之用。該公司由非立當一位

---

知名的居民 Columbus A. Purinton 於 1860 年購入。儘管他沒有正式就任，但 Purinton 以「法官」自稱。他顯然對流經非立當的乾溪谷北岔的水有某程度的控制權。他後來成為財雄勢大的人。

1859 年聖誕節前夕，5 名非立當華僑：Ah Owen、Ah Hop、Ah Sit、Ah Ye 和 Ah Sow 鼓起勇氣入稟區域法院要求禁制 Columbus A. Purinton。他們控告 Purinton 把乾溪谷北岔的水改道引離他們從河岸一邊到另一邊長達 400 碼的礦區。法官下令原告人先支付 300 元以備敗訴時賠償損失。四個月後，法庭引導陪審團一致同意原告的中國人擁有採礦權並有權享用水源。「問題只在答辯人用壕溝引離的水量是否超過他注入河溪之中的水。」幾名非立當居民代表 Purinton 到法院應訊。他們的證詞現在已散佚，但幾個月之後，5 名中國原告人接到命令支付 63 元的法庭及警務費。他們明顯敗訴了，原因可能是他們不獲准在陪審團面前自辯。當時加州最高法院的一項裁決禁止中國人在法庭作證指控白人。

隨着砂金愈來愈稀少，採金的競爭愈來愈劇烈，對華人礦工的敵視在礦區成為尋常不過的事。曾經在山區採礦的記者 Alfred Doten 在 1852 年從卡拉韋拉斯郡的富饒谷（Rich Gulch）報道說：「在報章上可見到頗多有關把華人礦工逐出礦場的主張，理由是除了願意歸化為公民的人外，這些人對國家不單毫無貢獻，更加分薄了資源。」

翌年，白人礦工對中國人湧入在莫凱勒米河 Big Bar 附近採礦大表不滿：「人盡皆知中國人甘願為極之低微的薪金工作，因此他們的勞工對美國勞工構成競爭。礦工們認為這對要負擔家庭生計的新移民來說是尤其困難……」。他們建議召開會議商討並尋求解決的方法。

早在 1852 年 4 月，加州州長比格萊爾（Bigler）已經倡議立法阻止中國人進入加州，指控他們是「賣豬仔」到來當強迫勞工。 一個月後，三藩市的華人以書面回覆，振振有詞的作出反駁：

> 他們（中國人）在很多地方遭到驅趕 —— 失去工作，探礦權遭剝奪，而他們曾經投放了大量金錢和勞力，有些甚至是從美國人手上以高價買回來的⋯⋯數以千百計的中國人因而陷入困境，在山頭流浪尋找新的容身之地，希望可以獲准採掘，卻又終日惶恐會再受驅趕。他們所有人都蒙受了巨大的損失，我們尤其無法形容當中剛到埗的人的慘況，因為他們為了能到礦場工作已經耗盡所有。

中國人與美國人之間的矛盾在南部郡縣的礦區尤其顯著。 1852 年，圖奧勒米縣（Tuolumne County）哥倫比亞鎮（Columbia）的礦工表決禁止中國人進入礦場。 1857 年，在卡拉韋拉斯郡鄰近 Angel's Camp 鎮的美國礦工下令中國人在六個月內離開礦區，並且決定任何向中國人出售探礦權或僱用中國工人的白人，其探礦權都會被充公。他們又號召鄰近的郡縣採取類似的行動。

1856 年 12 月，在阿瑪多爾郡的德賴敦，白人礦工開會脅迫華人礦工，目標在把中國人趕離他們的礦區。投票結果僅以 23 票對 20 票決定中國人必須在第二個月前離開。不過，並非所有人都贊成驅逐中國人，於是在幾天之後召開了另一次會議以撤消有關的決議。根據當地的報紙報道：「德賴敦的居民支持讓中國人留下來。」結果他們真的做到了。

## 外國礦工稅

法例容許中國人繼續移民到加州，但在 1852 年重徵已停止了的外國礦工稅，並加重至每月 3 元。到了第二年，這個稅項增加至每月 4 元，後來更修訂為專向中國人徵收。稅額繼續提升，直至 1856 年高達每月 6 元。本地商人開始投訴由於華人開始離開礦區，引致他們本來有利可圖的生意受損。對美國商人來說，中國人是很好的顧客，因為他們通常準時付款。後來稅款降到每月 4 元，其中一半歸縣所有。從 1854 至 1870 年，阿瑪多爾郡從華人礦工徵收了 137,019 元。

阿瑪多爾郡利用提高獎勵來吸引徵收外國礦工稅的稅吏。到了 1854 年底，參事委員會以 15% 佣金獎勵稅吏，五個月後更升為 25%，「比法例規定高出 10%，因為委員會認為 15% 不足以與有關的工作相稱。」有關稅項對華人礦工構成沉重的負擔，很多人因此在稅吏或其他官員出現的時候躲起來。一些稅吏因而濫用他們的權力。《沙加緬度黃蜂報》(Sacramento Bee) 在 1858 年 2 月 23 日報道一宗發生在科蘇門斯河上游渡口的事件：

> 今天，在本區的中國人遇到來收取每月礦工稅的官員。他們受到這些官員最粗暴的對待。在沒有白人在場見證下，他們用鞭子無情的鞭打一些中國人。我目睹一個人的背部給這些肆無忌憚的公僕打得血肉模糊。應該是時候採取些甚麼措施來停止用這種不人道和卑鄙的手法對待像中國人般逆來順受的人了。面對收取外國礦工稅的人暴力對待的時候，中國人根本無法抵擋。

每月徵收的外國礦工稅嚴重影響了華僑的生活和安全感。很多人躲起來逃避稅吏。儘管如此，在二十年間，從華人礦工徵收的稅仍佔去加州一半的總稅收。直到 1870 年，這項稅收才被宣佈違憲。

## 其他貢獻

隨着小徑需要擴闊為馬路以容納篷車、驛車，以及滿足城鎮之間商業往來的需要，聘用了大批築路工人。在這個迅速發展的縣郡的築路工人中，華工成了主力。他們和阿瑪多爾郡的其他居民被迫按季繳交道路人頭稅，這項稅基本上是向所有男人徵收的。稅額是每季 2 元，對華工來說，已經是一整天的工資了。據一份 1855 年 9 月有關在非立當築橋的路政監工報告記載，白人工人的工資是每天 3 元，而華工則是 2 元。由於有那麼多中國人參與築路，他們很自然成為徵收人頭稅的對象。據路政監工報告，1864 年 4 月有超過 200 名中國人繳付人頭稅。這稅項在加州實施，直至 1914 年。

工作辛勤報酬少，華工協助建築遍縣郡的道路、水槽、壕溝和渠道，他們受僱於大公司，由華人工頭監督和供給食宿。

# 格里斯瓦得謀殺案 —— 罪案與公義

雖然中國人不被容許在法庭上指控白人，但他們仍會牽涉入索償或罪案中。他們在法庭上所能得到的援助來自能操流利英語的中國傳譯員，有時也來自能操流利粵語的美國人。華人礦工和中國人一般都是奉公守法的，但當然亦會有為非作歹的。

## 格里斯瓦得謀殺案

1857 年 11 月 7 日，在戽臣附近發生的一宗聳人聽聞的案件給本來已經脆弱的華人社區更添壓力。一名備受尊崇叫 Martin Van Buren Griswold 的男子遭殺害，他的屍體給發現藏於住在同一間房子的華人廚師的牀下。Martin Van Buren Griswold 是富商 Horace Kilham 不為人知的經理。Horace Kilham 擁有果園、從事買賣砂金和出租他的壕溝的用水權。五名中國人，其中包括上述的廚師被控罪。最後當中 4 人定罪，被形容為最早的

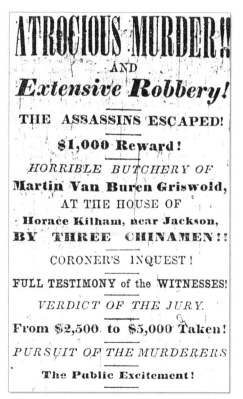

新聞頭條　*Volcano Weekly Ledger*

「中國人在一個文明的社會中謀殺白人罪成」。案件及追捕兇手的過程在當地及北加州的報刊上給大事報道和渲染。

案中的廚師 Fou Sin 跟 Griswold 和 Kilham 同住在一個採礦活動頻繁的地區上的一間小屋，附近有一條小路通往昃臣。Griswold 被勒斃和擊打致死，他的屍體在案發後第二天被發現，嫌疑落到 Fou Sin 和朋友 Chou Yee 以及兩名「衣衫襤褸」、案發當天早上被人看見曾在小屋外出現的中國人身上。屋內保險箱的鑰匙和裏面估值 2,000 元至 5,000 元的財物不翼而飛。Fou Sin、Chou Yee 以及其他人事發後在逃。

這件事揭示了一些有關中國人社區值得留意的資料。首先，中國人散佈甚廣。Fou Sin 和 Chou Yee 向北逃，他們從沙加緬度走到奧本（Auburn）再到奧羅維爾（Oroville），然後到馬里斯維爾（Marysville），最終在那裏被捕。那些地方都有華人聚居的地區，只是逃犯不一定匿藏其中。兩個人都可以找到工作，或是採礦、或是洗衣、或是在中國人商店打工。另一樣值得留意的是，儘管可能有點是被逼服從，但是阿瑪多爾郡以及其他地方的華人社區均有協助拘捕疑犯。《火山區每週分類》（*Volcana Weekly Ledger*）在 11 月 14 日刊出警告：

> 我們不會不信任或甚至威脅中國人；但他們必須明白，切勿誤以為可以有任何藉口。他們必須把兇手交出來 —— 一定要交出來，否則在加州的中國人會遭到報復。這是在美國第一宗中國人犯的謀殺案，白人都深切期望會有迅速的懲罰。中國兇徒是最殘忍、喪心病狂和天理不容的；只是他們在加州一直受制於恐懼和白人的權威；現在要使他們明白一個道理，就是沒有人的

生命是應該受到危害的。

　　由於預期會掀起激烈的報復，華人充分合作，既出錢又積極追緝疑兇。懸賞金額提高 —— 最初由戾臣的中國居民懸紅 500 元，州長 500 元，Kilham 500 元另加 500 元追尋失物。據《三藩市晚報》報道，以中華總會館為代表的三藩市商人亦考慮提供一筆巨額懸紅。警察局長「向他們表明，假如兇手得以逃脱，尤其是假如事後證實他們曾窩藏於本市內，中國人將會面臨不幸。」幾天之後，火山區《每週分類》在 11 月 21 日報道中華總會館提高懸紅至 1,500 元予逮捕 Fou Sin，另外兩名同謀 Chou Yee 和 Coon See 每人 800 元。懸賞捉拿兇手的總金額已達到 5,100 元。

　　要不是得到加州中國移民的協助，便可能無法逮捕到疑兇了。11 月底，阿瑪多爾郡的華人捉拿到 Cheung Quoon Yow（又稱 Coon You）歸案。12 月 4 日，戾臣的華裔居民在圖奧勒米縣以北的中國營區（Chinese Camp）逮捕了另一名疑犯 Coon See。12 月底，Fou Sin 和 Chou Yee 亦遭可能因為懸賞的朋友出賣，在馬里斯維爾被捕。來自仙樂都谷（Shenandoah Valley）附近印第安溪谷的 Ah Hung 是最後一名被捕的疑犯。他在 1 月的第一個星期在非立當落網，他可能一直受到華人社區窩藏。他後來因為證據不足而得以釋放。

　　Fou Sin 和 Chou Yee 在 1858 年 2 月 25 日分別受審。其餘兩人，Coon You 和 Coon See 的審訊在隨後一天進行。替他們辯護的是當地著名的律師 R.M. Briggs；另外僱用了一名傳譯，是曾經在中國居住多年的三藩市公務員 Charles T. Carvalho。陪審團由全白人組成 —— 當時女

人不可以當陪審員，也不可以在庭上作證。雖然在二審的時候，有三名中國人應被告一方傳召作證，但被告們沒有作證。每一項審訊都在一天內作結。

經過短暫的商議，陪審團裁決 Fou Sin 和 Chou Yee 一級謀殺罪成。至於 Coon You 和 Coon See 的審訊卻無法達成一致結論，主要在爭拗究竟作供的白人是否能辨認出疑兇以及從兩名中國人中分辨出誰是誰。最後裁定 Coon You 有罪。Coon See 被判無罪，但他仍因較輕的控罪而遭拘留等候審訊。幾天之後，他因入屋打劫而被檢控嚴重偷竊罪，最後裁定罪成。四名罪犯裁定於 4 月 16 日問吊。不過，在行刑前一個星期，Coon See 在獄中上吊自殺。

隨着兇手的落網和審訊，《阿瑪多爾分類》的出版商 Thomas Springer 出版了一本小冊子《格里斯瓦得遭五名中國殺手謀殺案》（*Murder of M.V. B. Griswold by Five Chinese Assassins*）。雖然小冊子有點嘩眾取寵，但當中不乏值得留意的資料，因為其中記錄了罪犯的自述，包括他們的生活描述、證詞以及臨終遺願。

Fou Sin 描述了他到昃臣之前的生活，從中可以了解到他的不安以及他在找工作時的遭遇和困難。他出生於廣東省，父親是農夫兼石匠；14 歲開始，他便在多條船上工作，曾經到過英國、香港、新加坡、日本、夏威夷、麻薩諸塞州和俄羅斯。他在英國和美國船上當船艙服務員，又做一名英國官員的侍從而留在新加坡三年，他是在那裏學到英文的。在桑威治羣島（夏威夷），他參與了捕鯨，又為一艘法國船提供補給。Fou Sin 留在檀香山差不多兩年，為一個批發商的家庭當廚師。然後他簽約為來往當地島嶼之間的一艘帆船當乘務員。幾個月後，他在

一艘俄羅斯從美國買回來的蒸汽船上當副乘務員，到達俄羅斯在遠東與中國接壤的地方。在那裏，他隨着俄國戰艦出海，最初為士兵運送補給，其後「載上壓艙後，遠渡往三藩市，經過三個半月的航行後，終於在 1857 年元旦日到達。之前，我是從沒到過加州的。」

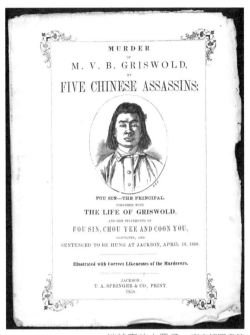

談該案的小冊子　亨定頓圖書館

到了加州，在戽臣找到工作之前，他的命途多變。很多中國人都有出色的廚藝，順理成章地廚師便成為很多尋找工作的華人的熱門行業。Fou Sin 在三藩市的工作斷斷續續，大部分時候都是當廚師。他在小冊子中自述：「兩個月後，我無事可做，在一間中國理髮店投宿寄食。然後我在柏思域街（Pacific Street）一間西班牙舞廳遇上麻煩。」他提到與一名「醉酒黑鬼」發生爭執，原因是遭到那名黑人辱罵，並且走向他，「好像要襲擊我。我便掏出刀子來，高叫『該死的，看我把你的喉割開』」。當警察介入的時候，Fou Sin 放下了刀子。他隨後被捕並且坐了兩個月牢。出獄後，他曾短暫受聘於一艘輪船上當候鑊，然後轉職到三藩市一間酒店當了六星期廚師。他又再失業好幾個星期。其間，他又在一間華人妓院與人打鬥。有幾個人受了傷和被捕，

但這次他逃脱了。他與 Chou Yee 的相遇以及重返戾臣可以説是天意或機緣巧合。

Fou Sin 在夏威夷跟 Chou Yee 交上朋友，在到達三藩市的時候又與他重逢。Chou Yee 在三藩市的加州酒店工作了三個月，之後受吸引去了斯托克頓（Stockton），再從那裏去了中國營鎮（Chinese Camp），在那裏當了四個月廚師。他也是到處漂泊，最後來到戾臣。當時在艾奧尼（Ione）的 Q Ranch 受僱當廚師的 Chou Yee 勸説 Fou Sin，既然失業又沒有錢，不如陪他一起到戾臣，在山區可能找到當廚師的機會。幾個星期之後，Fou Sin 找到工作，任 Horace Kilham 和 Martin Van Buren Griswold 的廚師。

與所有罪案一樣，真相與謊言往往是糾纏難辨的——證供矛盾，記憶差異，版本不同。從小冊子中對 Fou Sin、Chou Yee 和 Coon You 指責誘過的陳詞，加上在審訊時的作證，很明顯這班人確是牽涉入部分甚至全部罪行中。我們可以看出——特別是 Fou Sin 和 Chou Yee，都是漂泊不安的人，他們從這到那，尋求改變，頻頻轉工，惹是生非，進出賭場和妓院。從他們身上可以看出很多冒險到加州來尋金求發達的人的身影，他們為逃避做苦工，不惜作奸犯科以求財。中國人與其他國民一樣，他們當中也有騙徒敗類。

小冊子內亦附錄了 Fou Sin 寫給父親和弟弟的家書和詩的翻譯。受到儒家思想和忠孝觀念的薰陶，字裏行間表現出與西方截然不同的思維。作為長子，Fou Sin 肩負起養家的責任。他離家之後，責任落在他弟弟身上。他勸告弟弟說：「你既身為男子漢，便要修心養性，不應該遊手好閒或沒正沒經。你要有信實，不說閒話。全家的寄望和厚愛都集

中在你身上了。請記着，你永遠是我的弟弟。」

Fou Sin 在信中表明期望父親和弟弟可以安排把他的遺骸運返中國安葬，這也是所有中國移民的共同願望。「我見過很多人海葬，他們的遺體無法返回故鄉；而加州的白人卻可以讓他們已故的人入土為安。我只希望他們把我運返華夏；我相信他們一定做得到，讓我的靈魂永久得到安息。」心知這可能無法實現，他要求把他九片指甲、連同兩塊共值 5 元的金子、他的悼文放在盒子裏運回他的家鄉。他死時只是 26 歲。

他的自悼詞這樣寫：

且欣且喜迎青春，
誰能阻我豐收年？
幸福當來自我心，
春去卻又苦秋天。

其他三個人也寫了悼詞。Chou Yee 這樣寫：「吾軀先去若浮雲，可憐少年二十春；歲月無聲今歸去，歸去且隨南山郎。」

Fou Sin、Chou Yee 和 Coon You 於 1858 年 4 月 16 日在特製的刑架上遭處決，圍觀行刑的人接近 5,000 名，當時的氣氛只可用「狂野」兩字來形容，現場到處是酗酒、賭博、打鬥和傷人。Springer 所寫有關案件的小冊子在行刑之前十天出版，在當天免費派發給觀眾當紀念品；後來是每本賣 50 仙。*Weekly Alta California* 這樣報道：「看見大批婦女出現圍觀行刑，我們尤其難過。我們留意到很少中國人到現場目睹他們三名同胞的處決。」Fou Sin、Chou Yee 和 Coon You 死後埋葬在炭臣，

就在刑架之下，遠離他們的家鄉。

反華情緒和種族歧視促使對這件案的大肆渲染報道，對中國人社區構成巨大的壓力，迫使他們合作，否則面臨嚴重的後果，例如「立法把中國人從礦場和從美國趕走」。但無庸否認的是，大部分中國人都是殷實勤奮，而且他們是樂於協助官方追捕疑犯的。

## 其他案件

1860 年代，有幾宗涉及中國人被控小額盜竊的案件在郡區法院審訊。被定罪的人刑罰都是罰款 40 或 50 元或以坐牢代替。大部分人選擇坐牢，因為他們無法支付罰款。1865 年 3 月，幾名德賴敦的中國人分別被控盜竊，他們不認罪。其中一人 Ah Cun 被判有罪，罰款 600 元或監禁 30 天。他向上一層的法院上訴，但被駁回。另外三名被控盜竊的人，三人獲撤銷控罪，第四人繳付罰款。其他在昃臣的案件都類似；有幾個獲撤銷控罪，有一些是證據不足，另外的被定罪和罰款。

裁決不一定顯示對中國人的偏見，尤其是當他們是案件受害人的時候。1864 年 10 月 15 日，有三宗案件分別審訊，被告都是一名叫 Samuel Baker 的男子，每一宗都涉及搶劫中國人。第一宗案，他被判五年監禁，原因是搶劫 Ah Yun 和 Ah Wy 80 元，其中包括價值 50 元的砂金。第二宗案，他洗劫 Ah King 身上所有財物 —— 不單有金幣和銀幣，還有槍、銀錶和鏈、褲子、帽子、外衣和內衣、手帕。兩名中國男子應訊出庭作證，Baker 被加判兩年監禁。第三宗案涉及搶劫 Ah Man Wo 的手槍、一頂黑帽和一袋 75 元的砂金。Baker 被加判兩年刑期，合共在州監獄服刑七年。有趣的一點是案中兩名受害人都帶備手槍，而兩

人都是在同一天遇劫。

在其他案件中，有中國人因為入屋偷竊而遭檢控。Ah Fat 承認進入一間倉庫意圖偷砂金、金幣和銀幣。他在 1865 年 10 月 14 日被判入州監獄服刑一年。同日，Ah Sam 被控進入一間屋意圖偷衣物、食物和寢具，他也認罪，被判入州監獄服刑兩年。在第二年相類似的案件中，Ah Kee（又名 Ah Sam）因爆竊德賴敦一間屋，偷去衣物和財物而被判入州監獄一年。看來意圖犯罪和實行犯罪的判刑分別是不大的。

中國人之間的糾紛亦會在法庭中解決。有一些訴訟是個人之間的爭執，可能是來自不同商會或地區的人；其他的可能是由於犯罪活動。其中一個例子，1865 年 1 月 12 日，Wo Ho 因搶劫 Ah Hoy 價值 220 元的金塊和銀塊而被判入州監獄兩年。另一宗案涉及 1875 年 9 月 1 日在昃臣因 2 元錢債引起的毆鬥。開始的時候，一名叫 Ah Vhan（Ah On）的礦工與一名叫 Ah Chow（Ah Chew）的人在街頭發生打鬥。一名美國人制止了他們。事件跟着轉移到 Ah Vhan 的房間，據説 Ah Chew 踢開上了鎖的房門，用一把八吋長的刀弄傷了 Ah Vhan 的腹部和大腿。那間房給形容為幽暗，約九呎長六呎闊 —— 是宿舍其中一個小單位。有幾名中國人被傳召作證，其中包括 Ah Vhan 的妻子，用刀打鬥的時候她正在房中。但 Ah Chew 的一些夥伴作證説他當時是正準備離開返回在塞特溪的家而並非想逃跑。供詞互相矛盾又混亂，包括執行拘捕的警官未有注意到 Ah Chew 的衣服上是否染有血跡。不過，Ah Chew 仍是給治安法官判有罪。

至於華人之間的其他糾紛，可以交由華人社團來主持公道而無需鬧上法庭。當成員在法庭上需要法律援助或英文翻譯的時候，社團也會

提供協助。例如一名不懂英語的華人 Ken Kwong，他是一次大陪審團聆訊中的唯一證人，他尋求社團的幫助，社團便從三藩市派來一名粵語翻譯員來傳譯他的供詞。審訊中被告 Charles Merchand 的辯護律師亦因而要為他聘用一名能操粵語的人。

案件涉及 Kwong 的夥伴在 1881 年 10 月當他們的營房被六名持械男子入侵時遭殺害。這兩名華人靠採礦和在莫凱勒米河附近一個小園圃種植維生，但被一些白人指控偷牛。有關該聆訊，《阿瑪多爾分類》的記者綜合分析，認為 Kwong 的供詞可信，指責大陪審團只聽了一小時的陳詞便把 Merchand 釋放。他的報道中這樣評述：「司法制度往往就是那麼莫名其妙。……説不定大陪審團到了下一個月又會重新審訊這宗案件。」很明顯，當時是漠視了控罪與審訊，白白放走一名殺害華人的白人疑犯。

總的來說，阿瑪多爾郡對華人移民的司法標準是頗不一的，有時公平，有時歧視 —— 對輕罪懲以巨額罰款或長期監禁；更甚的是不公平地偏袒白人。

# 阿瑪多爾郡華埠

雖然生活不穩定，但阿瑪多爾郡的華人仍然採礦和住在鎮上和礦區。在那些迅速發展的城鎮中，華人聚居的地方或華埠成為顯眼的一部分，都是與鄰近發現金礦有關。與其他移民一樣，中國人喜歡族人聚居在一起，方便打交道以及與同聲同氣的人交易。在他們的社區內，中國人保留了自己的傳統習俗，可以買到合用的商品，找到各種服務，互相之間做買賣、亦與周圍的歐洲人和美國人貿易。中國人的聚居地都在商業活動地帶，通常在城鎮的大街附近。他們毗鄰商業中心，卻往往由於族裔的原因而被隔離。

最大的華埠在德賴敦、昃臣、艾奧尼和非立當。火山區和 Lancha Plana 也有華埠。最少中國居民的城鎮——阿瑪多爾城、塞特溪和普里茅斯（Plymouth）在反華情緒興起的時候是最大聲疾呼煽動的。

1856 年的估值統計列出了昃臣、德賴敦和非立當擁有可徵稅資產的中國人。昃臣的 Hom-Zen 被列為「醫生、理髮師和裁縫」，既開刀又縫合，真是有趣的組合。在德賴敦，有兩名業主擁有一間「中國人商店」。從這些城鎮在 1860 年代的早期地契中，可以看到雄心勃勃的中國人從白人業主手上買物業，也把物業賣給白人以及在他們自己中間買賣。中國人本着創業，所以重視積聚財富，鼓勵投資物業，以期昌盛繁榮。

大部分有記錄的交易都是在昃臣進行的。在 1850 年代，昃臣周圍建立了三個華人區，都是鄰近昃臣溪。一個在城鎮的南面，在昃臣溪的南岔附近。另一個在沿昃臣溪北岔的活躍採礦區，那是到昃臣必

經的村子，名叫「閘門」。一個叫 Ah Chut 的人擁有兩畝地。他在其中一畝地上開闢了一個花園，然後在 1862 年賣給意大利人 Augustine Chichizola，Chichizola 在那塊地上開了一間商店。另一畝地由 Ah Ping 用 173 元買去 —— Chichizola 買那幅花園地的時候，只用了不到 150 元。

在昃臣，華人聚居在大街（Main Street）北端，在昃臣溪北岔的兩岸；他們在繁盛的商業區或買或租地。雖然華人佔鎮上那地區的大多數，但最初的時候，華人和美國人並沒有壁壘分明的分隔開來。

1860 年，德賴敦差不多一半居民是中國人（44%）。個別華人向一個在德賴敦擁有大量土地的家族或買或租物業，形成了華人區。

昃臣和德賴敦早期的華埠都為大火燒毀。1862 年 8 月 23 日一場災難性大火把昃臣的全個商業和住宅區摧毀，其中包括一百間中國人的房子，總值 50,000 元。1867 年，德賴敦的華人地區亦遭祝融之災。超過四十座中國人的建築物被焚，據報章所載：「大部分房子都不怎麼值錢」。蒙受損失的主要是幾名中國商人。不過，堅忍無畏的華人並沒有放棄，在兩個鎮上又重建起他們的商舖和住所。

1860 年，在艾奧尼城、Lancha Plana 以及區內肥沃的山谷，中國人佔了總人口的 24%，在兩個鎮上建立了華人區。

阿瑪多爾郡各個華埠，今天見到的遺跡已很少 —— 火山區和普里茅斯各有一間商店，兩間由中國人擁有卻並非由他們建造、在昃臣一間屋的天花下面發現的一塊中文招牌、在昃臣閘門名叫華人墓園路的路、在阿瑪多爾縣博物館展出的陶罐、大竹帽以及其他中國人的日常用品、艾奧尼的一塊華埠座標碑石。非立當是唯一例外。那裏從早期華埠遺

留下來的建築物比阿瑪多爾縣任何地方，甚至加州任何金礦城鎮都要多。那些建築都是在 1850 年代中或 1860 年代初建成 —— 朝記（Chew Kee）雜貨店和對面的賭館、一間用途不明屬私人擁有的夯土屋，以及在東面的富記雜貨店。而朝記在最後一名中國住客在四十年前逝世之前，更加是完好無缺地保留了昔日的家具和工藝品。同樣有價值的，是店內保存了用中文書寫的文獻，很多現在已經翻譯成英文。

# 非立當華人社區的發展

1849 年淘金熱高峰的時候，非立當作為一個採礦營地吸引了從世界各角落到來的礦工。據說，最先到的是從密蘇里來的一羣礦工，他們在河溪乾涸無法採礦的時候玩奏提琴消閒 —— 這也是非立當英文名字 Fiddletown 的由來。

非立當與乾溪谷北岔的彎道平行，位處一條狹道旁，南面是陡峭的山林。它在山上 1687 呎高的位置，與東面和南面的山中礦營和豐富的礦穴接近。1852 年，隨着附近一帶發現金礦吸引了大批礦工和商人到來，非立當亦開始發展起來。也是在這一年，成千中國人到達加州，開始他們的尋金夢。

非立當的大街及以東發展成活躍的商業中心，後來更演變成一個貿易中心，為該區提供了住所、農莊和礦營。1853 年，一個新到來的居民描寫了一個興旺的商業地段：十五至二十間商店、四間酒店和旅館、幾間餅店、兩或三間飯店、三間鍛鐵舖和一間木工店。此外，還有跳舞廳、賭館，甚至公共浴堂。而後來開設了一所學校、一間循道會教堂和一間郵局，更使這個鎮的地位得以確立。1850 年代中期，非立當在全盛時期有人口約 2,000 人。

## 非立當華埠

1855 年，一名叫 Spencer Richards 的美國商人買了一間商店專做中國人的生意。那個時候，非立當已經有相當多的中國人。他一半的顧客是中國人，他也僱用了一個中國文員。Spencer 在給朋友的信中説：

Union 旅館　阿瑪多爾郡檔案

　　我現在身處的地方是一個很小的鎮，有四至八間店鋪、四間客棧、每天有四輛驛車經過；我說不上很喜歡這地方，【原文不可辨】很多中國人。雖然他們是我的顧客中最好的，但我瞧不起他們；我經常存備不同的中國貨品，它們帶來的盈利很不錯，不過若與在加州出售相比，仍然算不上甚麼⋯⋯。[Bancroft MSS C-B 547:26]

　　到了 1850 年代末，非立當的中國人形成了他們自己的社區和商業區，他們生活在其中，可以買到食物、衣服、器皿以及他們文化傳統的物品。不懂英語、遠離家鄉，他們仍可聚居在華人區。他們很多都來

自南中國同一個地方，説同一方言，都是抱着可以在金山一朝富貴的夢想。加州有黃金機會的消息傳遍廣東省，把早已飄洋過海到來的人的親戚、宗族和想冒險的人都吸引到來加入行列。

大部分中國人住在非立當的西面，沿着大街的兩邊，接近鎮的入口和恢宏的 Union Hotel —— 相對一般齷齪擠逼的華埠，這地點有些與別不同。這很可能是由於酒店早期在鎮上已建立，而在華人社區發展起來之前，白人早已在這一帶住下來。

乘坐驛車到非立當的旅客首先看到的會是兩層高的酒店。驛車停下來讓旅客下車後繼續向東走，會經過密匝的中國人木屋和商店。有關華人區的相片沒有留存下來，但可以想像房子是結構單薄和擠逼緊靠的。1858 年，鎮上的巡護因為恐怕這一區會發生火災，所以建議「每戶備有一桶水，放在萬一有火災可迅速拿到的地方。」不過，話説回來，雖然非立當開始有愈來愈多的磚石建築物面世，但在以美國人和歐洲人為主的商業區的樓宇大部分也是木構的。

大街上的華埠有商店、雜貨店、藥材店、賭館、妓院、飯館、住宅和旅館。商人、礦工、工人、賭徒、屠夫、旅館工作人員以及商店的包裝工人都住在這裏。六名「風月女人」與一班賭徒為鄰住在同一幢宿舍。這個鎮實在細小，住在其中的中國人、歐洲人和美國人在服務行業和貿易上都無法避免有頻繁的交流互動。非立當的多元化人口除了原住的密爾沃基印第安人和墨西哥人外，還有來自各個州和世界各地不同種族的人。

到了 1860 年，大非立當的人口有接近三分之一是中國人。根據美國人口普查，當時非立當總人口是 1,100 人，其中 295 人是中國人。很

多中國人其實仍沒有計算在內，部分原因是語言障礙，部分亦由於外國礦工稅，中國人普遍想逃避接觸政府官員——他們在中國的時候培養了視徵稅為苛政的看法。據口述和一些筆錄記載，非立當的華人從來不比在三藩市的少。1860 年，三藩市有 2,719 名華人，而整個阿瑪多爾縣有 2,568 人。非立當的華人數目可能是誇大了，但他們的重要性卻沒有被高估。幾十年來，中國人都是鎮上工人和居民的主力。

　　載錄於人口普查報告上的中國人大部分都是礦工，他們分佈在不同的礦營，在鄰近非立當和仙樂都谷的溪流或蘊藏量豐富的礦穴附近，五至七名同鄉住在一起。他們的名字已不可稽考，因為大多是以「阿……」為稱呼。唯一分辨誰是誰的就只有年齡，範圍從 18 歲至 52 歲，又多數是 20 和 30 歲之間，都是離鄉別井。

非立當中式建築　約 1990 年　D. Zorbas

有幾個人因為職業關係而與別不同：Ah Chum 和 Ah Lum 是商人；Ah Tung 和 Ah Lon 是商店東主；Ah Young 和 Ah Han 是屠夫；Ah Chee、Ah King 和 Ah Jack 是公寓主管；Le Lang 和 Ah Moke 是商人；Ah Sing 是園丁；Ah Poo 和 Ah Quan 是洗衣工人；Chi Wing 是廚師。他們真實的姓名是甚麼？他們的生活是怎樣的？都沒有記錄下來。

住在城鎮中的華人較為幸運，因為他們得到警官斯蒂芬·迪維士（Stephen Davis）的協助為他們發言，並且成為他們的朋友。迪維士來自威爾士，他在 1851 至 1852 年間隨篷車隊西來，當時做偵察員和傳譯。他是一個頗有才華的人，可以在短短幾個星期之內學懂一種新語言，他能說六種中國方言和幾種印度語。迪維士幫助非立當的華人，替他們傳譯和填寫申請採礦權。對因不懂英語而無法營商的人來說，他是上天給他們的恩賜！很不幸，他在 1868 年 4 月 3 日在非立當的雜貨店探手入一個木桶的時候腰間的配槍走火，意外身亡。他遺下正有身孕的妻子瑪麗·凱恩·迪維士。後來，他剛出生的兒子斯蒂芬·凱恩·迪維士（Stephen Kane Davis）幾個月大的時候，「中國人來到她的屋子，領出嬰孩，帶他到大街上，在遊行隊伍中，抱着他巡遊，以讚頌這位曾經是他們朋友的人。」瑪麗後來對兒子說，她雖然是孤身一人，但感覺好像「受到照顧」。

## 華埠業主與租客

雖然很多人以為華人不可以擁有土地，但其實有少數中國居民在大街（Main Street）上購置了物業。1856 年的估值記錄上載錄了 Long（Lang）、Neon、Ah Dan Che-on 和 Chew 都擁有物業。不過，大多數

華人都是租客，他們向在華人區置業的美國業主交租。

1855 年 6 月，非立當居民邁耶・拉斐爾（Meyer Raphael）向治安法院起訴別名 Ah Poon 的華裔租客。控狀指 Ah Poon 租住了 Meyer 在大街北面的一間屋，位置在 Meyer 的貨倉和一間酒館之間，月租訂明為 30 元，須預繳 1 月至 4 月的上期租。但到了 5 月，Ah Poon 沒有交租，卻仍佔據屋子，拒絕離開，Meyer 因而提出控訴。5 月 14 日，治安法官 E.R.Yates 命令警長傳召 Ah Poon。幾天之後，Raphael 聲稱若由 Yates 主審將得不到公平客觀的審訊，因而要求將案件轉交另一個法庭審理。並無證據顯示來自南方州郡的法官 E.R.Yates 會偏幫中國被告，但他與 Raphael 之間可能有個人積怨。

中國人聚居在大街西面的證據可見於早期的契約和其他文件。William Ray 和 John Doss 合夥擁有在 Union 旅館與東面的 Gist Livery 馬廄之間的六間房子，都是「住了中國人」。其中一座在 1859 年購入的物業座落在「一個由一名叫 Lang 的中國人所擁有的地段旁」。

1865 至 1866 年間，Ray 的遺孀和他的夥伴 Doss 先後把五間房子和地段賣給 D.M. Goff。D.M. Goff 是一名富有的牲口買辦，他在 1860 年擁有值 1,500 元的地產。不同的物業都與中國人毗鄰：商號 Ah Moke & Co.、Ah Low & Co.、Lang & Co.，以及 Wo Sing。1866 年，由三名合夥人組成的 Sing Lee Co. 把他們擁有的其中一塊地賣給 Goff，自己保留了在西面的相連地段。

在非立當和阿瑪多爾郡中，Goff 是一位有影響力的人。從 1867 年至 1869 年，他當選出任阿瑪多爾郡的監事。他在 1870 年逝世，遺孀承繼了他的物業。Goff 與非立當另一名居民 William Thornton Gist 擁有

大部分華埠的物業。Gist 在 1854 年至 1855 年期間當選為警官，出任副警察局長。

　　Gist 與另外兩個人負責向非立當的華人徵收外國礦工稅。不知何故，1860 年 6 月，他們竟丟失了四十五個稅收許可證，那些稅收本應是交給阿瑪多爾郡警察局長的。五年後，由於一筆借貸過期未還的 400 元本息，Gist 的物業遭到扣押。他的物業包括在大街西面中國人聚居的地方以北的四間房子。

　　後來成為富記雜貨店的兩層磚房很可能是由 Gist 或 Goff 所建的。Gist 分別於 1855 年花了 2,000 元以及於 1856 年花了 1,200 元對鎮上的土地作了重大的改善工程。Goff 同樣在早期對物業作出修膳，後來又

非立當的東大街 1856 年　　阿瑪多爾郡檔案

擁有兩個相連的地段。早期的記錄並沒有提到夯土屋（後來被稱為「泥磚屋」）朝記雜貨店，也沒有有關的屋契。它建於何時，始終是個謎。有歷史學家推斷朝記雜貨店可能在 1860 年左右建成，一般也認為不可能建於 1850 年代中期。

# 非立當的華人中醫師 Yee Fung Cheung

　　Yee Fung Cheung 醫師是已知在現在稱為朝記雜貨店的夯土屋居住和工作的第一位住客。房子是由中國工人用古老的板築方法建造的；所謂板築，就是把泥跟水和禾草混和，填入兩塊木板中間，造成約兩呎厚的牆。這種建築術早用於建造萬里長城，中國很多房子和牆也是採用這種技術做的。但為了適應加州的環境，朝記雜貨店的建築模式還是頗獨特的。陡斜的屋頂鋪疊上木瓦片，而室內的間隔、架和櫃都用木製──四周的樹林提供了大量木材。屋前門廊有騎樓，可以給門口遮擋雨水和山中夏天猛烈的陽光。屋子前面的店舖部分比起典型的中國藥

朝記雜貨店　Ron Scofield

店都要大，有更多活動空間和可容納更多人。屋子朝南，按照古老的風水說法，這會帶來好運。雜貨店位處接近鎮的入口，在 Union 旅館的東面。到了 1860 年代中，在旅館與朝記雜貨店中間也有其他中國人的居所。今天，旅館所在地（幾十年後改為一間大穀倉）已改建成一個網球場和公園，至於其他建築則仍然保留下來。

## Yee Fung Cheung 中醫師

據余氏家族中流傳所述，Yee Fung Cheung 約在 1850 年出發前往金山，比大批中國礦工湧到加州還要早兩年。他當時大約是 25 歲，把妻子和四名子女 —— 兩個兒子和兩個女兒留在中國。他祖籍廣東省台山縣（從前叫新寧）的聖堂（Sing Tong）村（可能是今天台山開平的聖堂鎮）。

Yee Fung Cheung 坐船到達三藩市後，首先到沙加緬度，然後轉往發現豐富金礦的非立當。在做回老本行行醫之前，有說他曾經到礦區想踫踫運氣淘金。他在中國接受過中醫訓練，後來事實證明與從沙石中淘金的艱苦工作相比，中醫在加州是更為有利可圖和更有前途的行業。在 1850 年代至 1860 年間，Yee Fung Cheung 醫師在非立當大街的夯土屋開始行醫。他的醫術不單造福了當地的華僑，連周圍的美國人和歐洲人在得悉他高明的醫術後也上門求醫。他診治的病人中有男人，也有女人，甚至包括在非立當謀生的妓女。他所醫治的疾病包括痙攣、月經失調、類風濕性關節炎、發燒、腸胃不適、肺病和痛症。傷口受到感染、蟲叮、頭痛、支氣管炎、消化不良、焦慮抑鬱，以及其他疾病的患者都會來看他。在他所用的藥中，薑用來治滯悶和消化；銀杏治哮喘、支氣

管炎和腎病；藥油治頭痛、暈眩和蟲叮；荔枝治腹瀉和煩渴。余醫師在這個感染可以致命的拓荒之地，挽救了很多生命。

## 中醫

中醫已經有 5,000 多年的歷史，當西方醫學尚在萌芽階段，中醫已經確立了有系統和嚴謹的理論。中醫的基礎在一套哲學觀念，認為通過平衡宇宙中兩個相反卻相成的力量 —— 陰和陽（例如男／女、明／暗、日／月、冷／熱等），可以達致和諧協調。中醫相信疾病是由於陰陽失調所致；食物與健康是互為關連的。治病的關鍵在通過飲食和草藥來恢復身體的平衡，其中食物又是治療的首要因素。同時，不同的草藥專治不同的疾病，特別是用來提氣（生命力）和補充器官和身體的水份，這都是中醫的原理。

為了滿足中國移民在新世界生活的需求，加州與中國早開始了頻繁的貿易，當中有中國的食物和草藥進口到加州。華僑 —— 就算是在偏遠的河畔礦區工作的礦工，也可以維持傳統的飲食：米飯，以及魚乾、醃菜、豆乾等足以令他們飲食均衡的食物。中國人把水燒沸才飲用或沖茶，可以防止痢疾、霍亂和腹瀉等疾病。當然，在那些地區工作和居住的中國人仍會受傷和患病。

中醫斷症是經過四個步驟：1. 望：觀察病人，例如面色、眼睛、特別是舌頭；2. 聞：聆聽病人描述病情；3. 問：詢問病人；4. 切：為病人把脈，因為人雙手手腕的脈搏是相應身體不同器官的。

## 中草藥

藥材店的作用等同藥房或配藥店。Yee Fung Cheung 醫師儲存了約 150 種草藥，是中醫的基本所需數量。當中包括筍根、北杏、百合、陳皮、厚朴、甘草、羅勒，以及西方人不認識的植物和動物部分（例如動物的角或昆蟲）。這些藥材都分門別類放在 25 個抽屜裏，每個分四或六格，並貼上標籤説明。植物的不同部分——花、葉、皮、莖、種子、殼和根，對不同的疾病都各有療效。草藥採集回來之後，經過挑選，會放在籃子裏風乾；這些籃子在店內隨處可見。有一些草藥會用研杵臼研成粉末備外敷之用，這些杵和臼今天仍保存在店內。

Yee Fung Cheung 還為病人配藥，把所需的草藥、種子和其他成分配好成藥包。作為中醫，他必須清楚不同成分的藥性，才可用處方正確的份量以避免副作用或甚至中毒。很多成分都是從中國進口的。每一個處方都是按照不同病人對症下藥，病人取得用紙包好的藥材後，最好是用瓦煲，煎成藥湯服用。藥湯的味道往往是很苦澀的。

Yee Fung Cheung 的名字最早出現在官方的記錄是 1863 至 1864 年，當時用的是 Yee Fung，

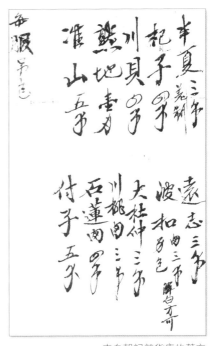

來自朝記雜貨店的藥方

他因擁有 13 至 16 頭豬而給聯邦政府徵稅（美國國稅局成立於南北內戰期間）。中國人喜歡在節日燒豬，而豬肉亦會賣給不同族裔的人。幾年後，到 1866 年，他又因賣酒而要繳稅，他很可能是在藥店出售中國酒。

## 藥店格局：文化移植

Yee Fung Cheung 醫師把那間中國式夯土房子兼用作居所和診所。厚厚的牆可以隔熱，使房子在酷熱的加州夏日仍可保持清涼。在後廳木地板上的橢圓形小洞讓地下的涼風透上來，同樣有散熱的作用。鐵百葉簾和鐵門可以防禦肆虐內華達山脈礦業城鎮的大火。鐵門是由非立當鐵匠 Christopher Schallhorn 鍛造，他那間龐大的鍛鐵場和驛站到今天仍然是非立當大街上主要的建築物。

余醫師把在房子的工作間裝修成典型的中國藥材店，設置了很多裝藥材的抽屜、陳列櫃、一個長長的櫃檯和一個儲物高櫃。房子是前舖後居，中間用雙重門分隔，門上有小窗，可以探視到來的顧客。在門上貼上紅揮春寫着「唐番和合」祈求華人與洋人能和洽共處。中國人喜歡在新春的時候在門的兩旁貼上紅紙寫成的對聯以祈求快樂、幸福、富貴和長壽。房子的雙重門上便貼上「龍馬精神」祝願健康長壽。中國文化中充滿象徵：紅是吉利的顏色、龍象徵保護和幸運，而各樣福氣中長壽是最受重視。門廊上都掛上穿了小孔的金箔紅紙，據說可以迎祥擋煞。這些紅紙和裝飾今天仍保存在朝記雜貨店。

為求神靈庇佑，在藥材店前廳安放了神龕，他可以向祖先供奉祭品，並且向上天祈求趨吉避凶。神龕分兩部分。下層是供奉土地神，用紅紙寫上祈求中國和西方的神靈保祐店舖的昌盛。在上層神龕，擺放了

余醫師的百子櫃　D. Zorbas

醫師和他的子孫向祖先供奉的食物、水果和花，以及向神祇禮拜和驅關邪魔焚燒的香。神龕的背景繪畫了代表福氣、榮祿和長壽的「福、祿、壽」三星。

在重門背後，與前舖分隔開來的是余醫師的私人起居室。醫師的個子想必定是很小，因為探看出前舖的窗子位置很低。後面的起居室包括放了一張木板牀的寢室，以及在短廊左邊一個小工作間。在工作間，他用算盤計算賬單，給病人開藥方，以及給在中國的家人寫家書。工作間另有一張板牀和一個小閣樓，可供路過覓宿的華人礦工住宿。裏牆、地板以及家具都是用隨手撿來的木板釘合而成，所以都較粗糙。

對中國顧客來說，舖面給人親切熟悉的感覺，使他們如置身家鄉的藥材店。至於美國和歐洲顧客，則讓他們大開眼界，接觸到一個截然不同的文化。因為要治病，他們要跨越文化的障礙，走進那清涼黝暗的屋內，步入陌生陰森的角落，期望那位高明的師醫能使他們藥到病除。

朝記雜貨店的神樓　Daniel D'Agostini

朝記雜貨店的店面　　D. Zorbas

## 大展鴻圖

余醫師是一個有雄心的人，他希望把他的醫術帶到需要他的地方。他把事業擴展到「二埠」——沙加緬度（大埠指三藩市）。他在那裏行醫，醫治從廣東到來修築西部州際鐵路的華工。州際鐵路是一項危險犯難的工程，經常會發生傷亡。

余醫師發展他的中醫事業的下一個目標是奈華達的維珍尼亞城，那裏的康斯托克礦脈（Comstock Lode）發現銀礦，以及在奈華達修築鐵路，都吸引了大批中國人前去。1869 年，他的次子 Yee Lok Sam 從中國到來協助他。他們與另一名夥伴在 1869 年 10 月開始在維珍尼亞城行醫。同年，州際鐵路峻工。

兩年後，余醫師返回非立當，並且在城鎮的規劃藍圖確立的時候置業。1871 年，他在大街上的兩個物業獲得法庭證明。他以 Yee Fung & Co. 的名義購入華埠中心在他的藥店對面的賭館（地段 17，區 11），又以 Yee Fung 之名買了在藥店東面大街北面的兩幅地（地段 8，區 4）。他從沒有得到這些物業的正式契約，但別人都知它們是屬於 "Yee Fung" 的物業。1878 年，他在鎮上其他地方的三項物業進行了稅項估值，其中兩項在乾溪谷後面的街上（Jibboom，又稱為「後街」）。這些物業本來屬於非立當的老居民 H.A. Kutchenthal 的。相信余醫師是用這些物業來收租。余醫師的名字 E. Fung 出現在 1881 至 1889 年的非立當物業登記冊。可惜現在看不到有關這些物業的詳細記錄。

為了打點業務，余醫師奔走於三間藥材店之間，便不得不倚賴助手或親人來管理他在非立當的產業了。在朝記雜貨店找到的一份中文記錄記載了有關 Yee Yun 與兄長共同打理藥材店以外的另一項 Yee Fung

生意。而 Yee Yun 原籍四邑的妻子 Yee Lee Sai Ngun 亦在 1886 年從沙加緬度來到非立當。兩年後，他們的兒子也到非立當來：Yee King Cheung，8 歲；Yee Duk，2 歲。余太太在 1889 年去世，在其後一年，Yee Yun 繼續打理 Yee Fung 生意，然後帶着兩名兒子去了沙加緬度。很有可能這一家余氏是與 Yee Fung Cheung 有關係的，當他們在沙加緬度和維珍尼亞城的時候經營另一項生意。

傳說余醫師可以妙手回春。家族中流傳的故事，令他名聲大噪的醫例包括治癒了患嚴重肺病的利蘭・史丹福太太（Mrs. Leland Stanford）。當已用盡一切治療方法而仍然無效之際，余醫師到來應診。運用他對草藥療效的知識，他給史丹福太太用可治療氣管病的麻黃煎茶，結果把她醫好了。諷刺的是當利蘭・史丹福任加州州長的時候（1862-1863），他大力排斥華人，力主以徵稅阻止中國移民。直至 1865 年，當他成為太平洋鐵路公司四大財閥之一，他才最終認識到華工的能力——堅忍、刻苦、勤快，並且不嫌薪酬低微。幾年之後，當中國鐵路工人罷工要求提高薪酬的時候，他一定是覺得很意想不到。

Yee Fung Cheung 最小的兒子 Yee Lok Sam 也是一名中醫，他後來又名 T. Wah Hing（美國人誤把 Yee 當為 "T"）。中國人往往是子承父業，對中藥的認識也是在家族中世代相傳的。

關於 "Wah Hing" 這名字的來源有兩個說法。其中一個解釋是：當史丹福家的廚師來催促余醫師去救治史丹福太太的時候，他正在一間叫 Wah Hing 的雜貨店裏打麻將。不知何故，雜貨店的名字卻跟他本人的名字給混淆了。余醫師的玄孫 Herbert Yee 醫生在 1978 年接受採訪中這樣解釋：

　　他們見到這位中國醫生好像能起死回生，都覺得不可思議。
但沒有人知道他姓甚名誰，只記得在 Wah Hing Store 找到他。於
是由那個時候開始——錯把 Yee 當為 T.，就叫他 T. Wah Hing，
又因為他那麼聞名，順理成章的又由他的兒子沿用了這個名字。

　　另一個解釋是："Wah Hing" 是他的別名。按中國的傳統，一個
人可以因應不同的年紀和地位而有不同的名或字。歷史學家胡垣坤
（Philip Choy）從中國找到一份文件，上面提到 Yee Fung Cheung 醫師
在維珍尼亞城行醫的時候用的名字是 Wah Hing。在他的著作 *Canton
Footsteps* 中說明那份文件來自香港，可以證明 Yee Wah Hing 接受過中
醫訓練，取得中醫的資格，並且駁倒那些嫉妒和質疑他資歷的白人醫
生。當他在 1901 年返回沙加緬度建立診所並且搬遷了三次當中，他在

草藥及製藥裝備　Laura Faye Mah

行醫時都是使用 Wah Hing 這名字。非立當那所藥材店雖已成過去，但沒有被遺忘。

余醫師在加州的最後歲月是在沙加緬度行醫。然後他返回在中國的鄉下，並在 1907 年去世。他的次子 Yee Lok Sam（又名 T. Wah Hing）留在加州謀生，他的家人也從中國到來與他一起生活。他與父親在1901 年共同創立了診所，地址先是在 J 街 707 號，然後在 J 街 725 號；隨後三十年他一直在那裏行醫。他以高明的中醫醫術既醫治華人，也醫治白人。

# 業權和城鎮規劃

雖然不同的城鎮在幾十年前已經有不少土地買賣並且記錄在案，但要到了 1870 年至 1871 年才有正式的城鎮規劃。法官給華人居民以及其他業主簽發證明和訂定契約。不同的鎮繪製了地圖，標明了華埠的位置。

## 非立當

在 1871 年確立的城鎮藍圖中，非立當的華埠圈定在一條源於南面山脈的季節性小溪旁。前任副警長 W.T. Gist 買下在小溪兩旁大街前頭的地段。另一名美國地主 Goff 太太擁有與 Gist 毗鄰和對街的物業。她在鎮西面的地皮四周都是華人地主。華人的地段很可能伸展到更西的地方，甚至越過鎮的邊界。現在那裏的居民仍可以沿大街和西面的山找到華人花園留下的痕跡。當地流傳一個說法，中國工人每天三點起來，肩膊上挑着扁擔，用籃筐載着他們所種的蔬果，從非立當步行到 10 哩外的火山區。很多華僑——特別來自台山的，都有務農的經驗。

非立當的季節性小溪　D. Zorbas

從城鎮地圖可見，Foo Kee、Yee Fung 和 Wo Sing 在大街西面擁有土地。Foo Kee 和 Wo Sing 是商人。Yee Fung 很有可能就是中醫師 Yee Fung Cheung，他的藥材店就在朝記雜貨店。這些人與另一名商人 Lee Kee 都有商業牌照。

非立當的鎮規劃圖上顯示一幅長 4.35 畝的地段，標明屬「中國人」。這幅地由商人 Foo Kee 所擁有，我們會在另一章裏談到。那幅地包括一個陡坡，房子建在山頂而非斜坡上。雖然一般的華人房子較為擠逼，往往一間屋居住了 12 至 14 個人，但那裏實際的建築物和住客的數目並不清楚。

朝記雜貨店的地段並沒有在鎮地圖上標誌出來。它位於大街的北面（區 4，地段 10），屬於 1870 年賣給一名 47 歲礦工 E.C. Simpson 的一大幅地的一部分。在 Union 旅館和穀倉的契約中曾提及這座夯土商店，但並沒有詳細的說明。由於欠缺說明，很明顯除了其他由華人擁有的地段外，還有這間藥材店也獲准留在這幅地上。

## 其他城鎮

德賴敦的唐人街在大街的南面直伸至西面，跨越了乾溪谷。商人 On Hop 與另一名 Ah Ling 的人在沿街擁有兩幅地，一幅在通往艾奧尼的路旁，另一幅在大街背後，就在白人的地旁。看來鎮上其他的華人都是租客；他們雖然主要是礦工，但亦包含了從事不同職業的人：理髮師、麵包師、勞工、酒館主人、醫師、廚師、雜貨商、商人、屠夫、鍛工助手等，都是從事與採礦社區所需有關的行業。

中國人在昃臣擁有的地契比在其他地區的都多，他們在北大街的

西面買入很多小幅的地段，有些是在 1860 年代已經購入了的。有幾個人的產業集結相連：Him Lung、Cum Sing、Ah Coon、Ah Sam、Ti Wah 和 Ah Hee。生意夥伴 Ah Ping（Ah Paeng）和 Chung Sun（Chung Sung）在街的對面擁有兩幅地。這些土地分散在白人的產業之間。雖然昃臣的華埠位於鎮上繁盛的商業中心旁，是昃臣溪北岔的要塞，後來的事實卻說明並非是福。

在 Lancha Plana，在華埠旁一幅一又三份一畝的地給撥作中國園圃。大概在那裏種了蔬菜，然後賣給住在附近的華人和白人社區。See Foy 擁有圍着園圃和華埠的三幅地，包括一幅兩畝的地和兩幅總共超過一畝的相連地。這些地的業權很可能是華人社區集體共有，只是以 See Foy 為代表。Lancha Plana 的華埠位於通往莫凱勒米河的小徑旁，那裏可以有充足的水作灌溉之用。

艾奧尼的華埠位於鎮中心的東面，離開小溪旁山上的大街。在鎮的地圖上顯示華埠佔地 5.22 畝，但並沒有列出任何華人業主。很可能華人是聚居在無人申領的土地上。1883 年，商人 Hop Wah Chung、Ky Kee、Queng On Lang 與 Chang Hang Co. 向艾奧尼煤鐵公司正式買下該幅地。

## 華人業主之間的交易

作為正常的商業活動，中國人之間亦會互相買賣產業。在朝記雜貨店發現了一份有趣的契約，是關於在非立當一間樓上有兩個房間的樓宇買賣。最初，是一名中國人從白人美國人手上購入，後來這名中國人業主需要錢返回廣東，把物業放盤出售。一對從廣東番禺到來的夫

婦 —— Tse Kim 和 Sai Ngun 用 60 元把房子買下。賣主向該對夫婦保證可安心入住房子，不會有任何爭拗麻煩。1881 年 4 月 15 日，據合約上所說「由於口講無憑」，雙方正式簽署買賣合約。款額由 Sui Sum 簽收 —— Sui Sum 是一名曾為非立當慈善出力的女人。

# 創業家和商人

2,000 多年以來，「士」在中國享有最崇高的地位；士人通過公開的科舉考試晉身仕途，在朝庭做官。「商」是社會階級中最低下的。但加州卻為商人們提供了大量機會，使他們在這個新環境中可以一展所長，確立受人尊重的社會地位。他們亦成為華人社會的僑領。

## 華人商店的作用

隨着大批中國人湧到美國，發展蓬勃的出入口貿易使到在美國甚至在香港的商人都獲益。1850 年代中期，在香港成立的金山莊為住在加州的華僑提供所需的貨品和服務。貨物從香港航運至三藩市，然後分發轉運至沙加緬度、斯托克頓、馬里斯維爾等沿主要流域的城市。南方的圖奧勒米縣的華人中國營也是中國勞工和貨物的主要集散地。食物、報刊、器具、衣物和其他特別的貨品源源運到，然後通常經由親朋或同鄉而輾轉分發到採礦營的中國人手中。

雜貨店亦為華人社區提供了其他重要的服務，尤其在文字方面，它的功能便尤其重要。由於中文字對美國人來說是高深莫測的，從中國來的書信便往往要經由雜貨店轉發給收信人（雜貨店的名稱用英文書寫）。書信運經的路線可能是從鄉下到廣東，再到香港，寄到三藩市之後，派發到史托克頓的一間雜貨店，最後到非立當或其他目的地。信件會暫存那裏，直至收件人到來收取。至於寄往中國的信件（通常由識字的商人或中醫代筆）會存放在雜貨店，等待有往三藩市的親友或聯絡人帶去。然後由承運者帶到香港，再從那裏分發到家鄉。

　　華工從淘金或其他勞力賺回來的錢通常寄存在中國雜貨店，金砂轉換成錢幣，然後由可信託的親友帶回中國給家人。一些雜貨店就擔當信貸互助社的角色，為社區保管和借貸款項，就如隨後會提到的非立當與華人墓園的情況。

　　進口中國貨物使華人可以保留他們的生活方式，尤其是醫食同源的飲食觀念。米和茶是生活的必需；中國人曬乾醃製海產、蔬菜、醬料和水果，認為這些食物對健康至為重要。筷子、繪花碗碟、精緻的茶杯、鑊之類的炊具，以及茶壺等廚具對不熟悉亞洲風土習俗的美國人都是新奇的東西。

　　現代考古學家發掘出很多有關的物品，特別是瓷碗、瓷碟和瓷杯的碎片。在非立當和德賴敦發現了以流行於 19 世紀和 20 世紀初期的中國花紋裝飾的餐具，還有棕色的瓦缸，今天仍在朝記雜貨店陳列着。

## 阿瑪多爾郡商人

　　很多中國商人已經在阿瑪多爾郡營商有幾十年了。他們為華人社區源源不絕供應貨品。值得一提的是中國人的商店貨品價格通常較低，所以也有美國人來光顧。還有的是華人的營商宗旨與美國人的價值觀念頗配合，就是以交易成功賺錢至上。

　　商業牌照檔案說明了德賴敦在 1860 年代的頻繁商業活動。1863 年 7 月，六名中國商人申領商業牌照。在 1867 年的華埠大火中，主要蒙受損失的是商人：Ky On [Kie Owen]、Hi Co.、Chung Lee & Co、Ah Young & Co.。雖然 Kie Owen 與 Ah Young 在大火中失去了他們的

Sing Kee 與妻子　阿瑪多爾郡檔案

商舖，但在第二年，兩人已捲土重來，與 Hing Kee、On Hop、On Key 和 Tong Chung 合夥再馳騁商場了。

　　卓越的中國商人亦見於其他社區：晨臣的 Ti Wah 與 Chung Sung；火山區的 Sing Kee 夫婦；普利茅斯的 Sun Ming Gee（或 Ah Ming）在 1882 年買下物業用來開店。艾奧尼商人 Hop Wah Chung、Ky（Kie）Kee 都是知名商人；還有 Ling Sing Tong Co. 都是在艾奧尼的生意。

　　當晨臣商人 Tung Paeng（檔案上亦作 Ah Ping）在 1872 年 8 月 15 日去世，他的遺孀 Sun Hee 繼承產業。Tung Paeng 與 Tung Quen 合夥經營 Chung Soon Company，Tung Paeng 在往三藩市入貨的時候去世。

看來當時的阿瑪多爾商人定期為生意而往三藩市，旅程最少要坐一天馬車。[6]

他在晟臣的商店存貨很多，他的遺囑上有詳細的記錄：食物包括 20 磅蝦乾、100 磅蔗糖、27 袋米、50 磅花生、30 磅生薑等。其他貨品還包括 50 束爆竹、30 磅肥皂、60 加侖白蘭地酒、煙紙、冥鏹，以及衣物、採礦工具、炊具和飲食器皿。從貨品的清單可見，從食物、衣物、飲食用品，甚至隨葬品等華僑和居民所需的物品俱備。很多貨物都可賒貸，這是中國商人常見的經商手法。

在非立當安定下來做生意的商人的穩定性是最大的。商人 Foo Kee、Lee Kee 和 Wo [Woo] Sing 的商店 1860 年代開始營運，直至 19 世紀大部分時間仍在繼續。他們以及其他商人在阿瑪多爾郡經營幾十年，説明他們在加州安居樂業，比起在家鄉廣東有更多發展事業的機會。

---

6　三藩市距離非立當 120 哩，現在坐汽車要走三小時。

# 非立當華商和僑領富記

1870 年代至 1880 年代中期，非立當最富有的華商和僑領要算是 Foo Kee（富記）了。他是最早在非立當取得商業牌照的四名中國商人之一。他比任何一個華僑都擁有更多物業。他也是成立和管理非立當華人墓園的捐助人和基金託管人。

更有意思的是他的店舖今天仍屹立於非立當大街的南面，是一座堅

非立當中國雜貨店　Ron Scofield

固的兩層高磚屋，名叫富記雜貨店。這座磚屋大概由美國人建於 1850 年代至 1860 之間，這種構築不容易為肆虐於礦業城鎮的大火所摧毀，所以能一直存留至 21 世紀。

關於富記的資料不多，甚至他的姓也無法知曉。在中文，「富」代表富貴、富足或富有；「記」是店舖的稱號。在昃臣，1863 至 1866 年間曾有一位富記，是一名小販，他擁有 40 頭豬。1866 年，他繳交了賣酒稅。這個人可能賺了足夠的錢，然後搬到非立當置業和開雜貨店。他信心十足的在遙遠的昃臣取得正式的牌照和契據。當非立當在 1871 年由縣法官進行土地測量和圈地的時候，富記取得三個物業的契據。在 1870 年的人口普查記錄上，富記是 47 歲，歸類為商人。他僱用了三個華人雜貨店員。此外，雜貨店內還有一個華人礦工和一名叫勝彩（Sing Choy）的 32 歲婦人。究竟勝彩是他的妻子還是妾侍不可而知，只知她是「主婦」（keeping house），而這一個詞本來是指白人的家庭主婦的。

在淘金地區的華人和其他商店都會齊備各種滿足本身社區所需的貨品。富記無疑亦會透過三藩市和沙加緬度 —— 甚至阿瑪多爾郡本地的分銷商和商店從香港購入貨物。到富記來的顧客可以找到林林總總的貨品，例如：

- 醃製食物，例如醃菜、鹹魚、酸薑、冬菇、花生、罐頭蠔和其他魚類；
- 主糧，例如米、茶、麵粉、糖、醋和麥；
- 新鮮蔬果、豬肉和魚類；
- 炊具和飲食用具，例如筷子、鑊、鍋、刀、碗、竹筐；

- 香煙、煙葉、中國酒、白蘭地、鴉片、煙槍和煙燈；
- 華服和洋服，包括鞋和長筒靴；
- 中國宣紙、墨和毛筆；冥鏹、蠟燭、算盤、爆竹、牌九、骰子、紙牌、賬簿和記事冊。

跟其他由歐洲人和美國人開的雜貨店一樣，富記也會賣油燈、燃料油、鏟子、鑿子、秤金子的天平、掃帚、肥皂、鏡子、鐘和五花八門的日常和採礦用品。

富記的其他物業位於大街的南面，在他的雜貨店和其他屋宇的後面。最大的是在南面山丘上的一幅 4.35 畝的地。這是在非立當 1871 年城鎮規劃圖上標誌着「中國人」的地段。富記可能在這塊地和其他較小的地上建了房屋，然後租給中國住客。現在只有一間單房的屋子還存留下來，屋子用夯土塊砌成，牆厚約 18 吋。它座落在山邊的平地上，有高高的天花和閣樓，只有從山邊的斜坡才可去到。屋子由華工建築，用途不明，現在為私人擁有。在屋子發現一張支付 Q Kee & Company（字跡難以辨認）購買總值 190 元木材的賬單。

富記名下另一幅較小的地是臨近那條季節性溪流，在大街上他的物業後面。這幅地有部分微斜，也有部分平坦，可以用來耕種。因為臨近溪流，住在那裏的華人可以善用。溪流在冬天和春天注水，附近的平地可以受惠種蔬菜，而蔬菜正是中國人的基本食材之一。這幅地是否當為華人社區共有的產業呢？今天，在那幅地上仍然保存了一座燒豬的烤爐，說明那裏是非立當華人聚集慶祝如農曆新年等節日的地點。當年烤得熱騰騰的燒豬的香味一定曾飄蕩瀰漫鎮上了！

中式房子 D. Zorbas

　　這一幅較小的地在 1872 年以低價賣給 W.T. Gist，條件是給 Wo Sing 保留東南角的一座穀倉和馬廄以及往大街的通道。Wo Sing 是另一名老華商，他擁有朝記雜貨店對面的一間雜貨店。Gist 是前任警長，他在 1860 年代在華人地段買下好幾個物業，當時他住在沙加緬度。買下了富記的地，Gist 便擁有溪流周邊前後的地，是那裏重要的耕地。

　　與其他華僑相比，富記可以說是很富裕。據 1870 年的人口普查，他的地產值 500 元，而他的個人資產有 1,500 元。雖然仍是比不上美國的商人，但已經是大大超越任何一個華商了。舉例來說，鎮上的百貨店東主 James Head 擁有的地產便值 3,000 元，而個人資產有 8,000 元。

　　富記的居所在哪裏並無記錄。他可能就住在他的雜貨店裏，像很多華商的做法一樣。一份未有註明日期的工程單提及建造富記廚房所

需要的木料：1,289 塊包括十種不同木材的原木和木板。富記願意支付購買 1,500 塊木料。 1878 至 1879 年間，他在非立當的一間屋和一幅地，以及在 Upper Rancheria 稱為 Rice Claim 的採礦權都受到估值。當時他的個人資產已值 1,140 元。

　　1886 年之後，富記的名字再沒有見諸檔案上。當時他已經 60 歲了，很有可能返回中國家鄉，利用他在金山賺得的財富安享晚年。他的妻兒可能一直在盼望着他的歸來。

　　他的雜貨店和兩幅居住了中國人的地交託了商人朝記（Chew Kee）。朝記成為很多給中國人在離開非立當之後放棄的產業的託管人。朝記接管了富記的產業後，三幅地 —— 包括賣給 Gist 的一幅，在官方記錄上都標為「富記物業」。

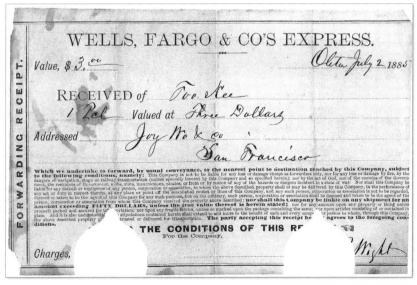

# 勞工與排華運動

1864 年至 1869 年間，為了在崔巍險峻的內華達山脈間建築中太平洋鐵路，很多中國男人應徵到美國來當勞工，他們大部分都是來自台山。1868 年簽訂的《中美天津條約》續增條約（蒲安臣條約，Burlingame Treaty）准許中國人移民到美國，給予中國最惠國待遇，中、美兩國國民可以在彼此的國土上享有對等的僑民權利。於是在建築鐵路的高峰期，多達 12,000 名華工受聘冒險犯死爆破山石開鑿隧道，在陡峻險要的懸崖間開闢鐵路。因為他們的技術、勇氣和堅毅，這一條橫跨大陸的鐵路西部一段得以提早一年竣工。1869 年 10 月，整條鐵路的東段和西段在猶他州的 Promontory Point 合攏，從此改變了美國本土交通的面貌。但中國工人卻沒有因為這一項偉大的成就而得到應有的嘉許。

艱難的時刻更加在 1870 年代當白人工人組織起來的時候到臨。緊隨 1873 年大蕭條之後的失業潮引起惡毒的反華行動，中國人受指責以廉價酬勞奪走白人的飯碗。三藩市和沙加緬度開始立法限制並且發生暴徒風潮，其後更蔓延至礦區。

1870 年，美國人口普查統計在阿瑪多爾有 1,627 名中國人，佔全郡人口 16%；若連同計算誤差，應該不只此數。華人居民比率最高的鎮是非立當（28%）、德賴敦（21%）、艾奧尼（24%）與昃臣（17%）。這些鎮都有繁盛的華人社區，有林立的雜貨和食品店、理髮店、客棧、食肆、賭館和煙館、妓院、洗衣店、廟宇、同鄉會、藥材店、花圃等。

遍佈郡裏都可以見到有中國居民受聘當旅館和餐廳的廚師、麵包

師、屠夫、家庭傭工、農場工人、礦工等。受白人僱用的勞工則修築道路、砍伐木材、挖掘壕溝運河引水到礦區。中國人幫忙建築郡內的公共設施，但所得的薪金較低，工時卻長。[7]

## 淘金成功與限制

雖然工業用石英礦早已取代成為主要礦產，中國人仍然在阿瑪多爾的金礦繼續淘金。當地的報紙在 1870 年報道過一些成功的事例 —— 有中國人在已開採過最少十多次的溪谷發掘出金子；一班中國人花了 400元買下在戾臣附近的一個採礦權，卻提煉出價值 10,000 元 至 12,000 元的金子。《每週分類》的作者評論說：「皇天是不會負有心人的。」1878年 7 月，該份報紙報道：「差不多賣給戾臣商人的金子都是來自中國人的。中國人壟斷了周邊的淘金。他們可以淘到頗可觀的金子，推算他們平均每人每日可賺到 2 元。」

整體來說，採礦已經從個體小本嘗試轉為高度資本化僱用礦工和工人的企業了。很多礦場都是由沒有出面的三藩市投資者所擁有。只要有工作，華工都願意去做，但其他族裔的移民 —— 意大利人、奧大利人、康沃爾人、愛爾蘭人、塞爾維亞人，則要競逐在石英礦場深坑的工作。當阿瑪多爾的工人組織起來的時候，礦工工會便試圖禁止中國人在金礦工作。

---

7　並無記錄顯示中國工人參與郡內意大利移民耕植範圍建築石牆的工作；不過，很有可能意大利農夫會僱用華工以及其他族裔工人來做挖掘和搬石等粗活。

## 阿瑪多爾之戰

　　阿瑪多爾郡工人協會（The Amador County Laborer's Association）
——後來改名礦工聯盟（Miner's League）成立於 1870 年 7 月，宗旨是
「保障白人工人，維護其尊嚴，確立公平競爭，阻止低等族裔的競爭。」
不到一年之後，1871 年 6 月 1 日，擁有約 500 名會員的礦工聯盟號召
若要求得不到滿足便罷工。他們的基本要求是稍為提高工資，一線工人
（工程人員、爆破工）每天十小時工作日薪 3 元，二線工人（包括地面
及機房工人的所有其他工人）每天十小時工作日薪 2.5 元。但同時提出
一項要求，就是禁止礦場僱用華工。

　　礦場東主拒絕向工人讓步，於是工人聯盟下令罷工。罷工持續了
好幾個星期，大的礦場都關閉和受到破壞。為避免收益受損，以及恐
怕會引起暴力（報張渲染），礦場東主們說服州長遣派 400 名國民警衛
軍於 6 月 26 日到達塞特溪。這一場衝突稱為「阿瑪多爾之戰」，但其實
礦工早已復工，而與聯盟的談判亦和平進行。7 月 5 日，礦工答應接
受協議，所有在地下工作的勞工日薪 2.5 元或 3 元；而在地面工作的工
人則按「多勞多得」支薪。此外，「不鼓勵僱用中國人……。」協議因
Oneida 礦場的主管 James Morgan 推翻承諾而無法達成。James Morgan
的理由是他的搗礦廠要僱用中國工人。

　　到了 7 月 13 日，這位 Oneida 礦場主管終於讓步答應不再僱用中國
人。1871 年 7 月 15 日的 *Daily Alta Californina* 刊出了礦工聯盟主席的
回應：

　　　礦工們並非要求有阻止 Morgan 或任何人僱用中國勞工的權

利，他們只要求有權利維持白人勞工的尊嚴，所以拒絕為那些僱用中國勞工的人工作，並且號召他們的白人兄弟這樣做。

　　無視白人礦工的威脅，Oneida 礦場的工資記錄顯示公司仍然僱用華工經年，大部分都是在搗礦廠工作。1871 年，有 9 名中國人在工廠受僱當工人，日薪 1.5 元或 1.75 元。從 1872 年至 1874，有 2 至 3 名中國人曾短暫獲准在礦場任職車長，獲得較高的 2 元日薪。他們的職位後來給白人取代。中國僱員仍然留在搗礦廠當勞工，日薪 1.75 元。他們從事非技術的體力勞動，例如碎石、打樁和剷泥，也因此只限於薪酬較低的工作。有技能的白人礦場僱員每天賺到 2.5 元至 3.5 元；鍛工和工程人員甚至可以賺到每天 4 元。

Oneida 金礦　阿瑪多爾郡檔案

　　中國勞工亦受聘在郡內其他類型的礦場工作，但薪金仍是較低。到了 1870 年後期，超過 100 個華工在艾奧尼的 Carbondale 煤礦場採煤，收入只是每天半仙，一個月才 10 元。在同一地區的 Newton 銅礦場，一半勞工是中國人。當時有報章這樣報道：「假如沒有這些廉價勞工，恐怕會有不少礦場無法開工。不過，這些矇眼工人對任何社區始終都是一個負累⋯⋯。」

## 擴建塞特運河

　　1870 年，塞特運河及礦務公司（Sutter Canal & Mining Company）所僱用的 200 名工人中，中國人是最大的一羣。公司計劃擴建運河，將莫凱勒米河的水輸送到戾臣和北面的其他地區。華工參與了建築一條廿四哩長水道的工程，包括築堤、建水庫，以及在陡峭的石壁上建一條一哩長的引水道。120 名華工以承包商 Ye [Ge] Lung 為代表，他與礦務公司簽訂合約承包供應、伙食和支付工人。作為中國工人和廚師的代理人，他還僱用了一名華人管工監督每天的工作。資方支付勞工每月 28 元，爆破工每日 1.5 元，另外聘請廚師為工人提供膳食。從 1870 年 4 月到 1871 年 2 月，Ye Lung 都有詳細記賬，記錄了工時和保存了以金幣支付給工人的單據。但到了 3 月，塞特運河及礦務公司向北擴建運河的計劃遇到不曾預料到的困難以及超支的問題。公司沒有履行與 Ye Lung 簽訂的新合約，拖欠了由 1871 年 3 月至 8 月的工資。1871 年 9 月 18 日，Ye Lung 向地區法院提出訴訟，要求留置權抵償欠他的工作團隊的 10,663 元。Ye Lung 以英語作證，並且有詳細記錄已收取和尚欠款額的文件。該項申請留置權，以及其他的違約賠償，最終導致塞特

運河及礦務公司破產。

## 排華行動

1850 年代開始已出現的反華情緒，到了 1870 年代愈加劇烈。尤其在三藩市，工人把經濟危機歸咎於中國工人。失業工人與僱用華工的富商之間的矛盾白熱化。1876 年 4 月 1 日的《阿瑪多爾分類》社論說：「到目前為止，白人工人階級是中國人出現的唯一受害者。商家和資本家為了自身的利益而僱用這班苦力。甚麼時候這些商家和資本家的口袋因這班中國人而蒙受損失，採取行動廢除這不合理的措施就為時不遠了。」該篇社論的題目是：〈蒙古人的詛咒〉（The Mongolian Curse）。三藩市的工人黨首次喊出「中國人一定要滾」。這口號傳遍加州。中國人受到報章和政客指責為野蠻、邪惡、甘願為低薪工作和搶走美國人的飯碗。

1876 年 4 月，在沒有劃分華人區域的塞特溪，130 名工人召開了反華大會。到了 5 月，昃臣召開了類似的會議，與會者決議阻止白人聘用華人、與中國人做生意以及賣地給中國人作採礦之用。到 6 月，塞特溪成立團體「白種人至上」（亦叫「白人最高命令」），（the Order of Caucasians），是加州 56 個反華團體之一。1877 年末，反華的請願在阿瑪多爾郡的阿瑪多爾市、塞特溪、昃臣和普利茅斯流傳，促使了在沙加緬度谷東北角的鄉鎮奇科（Chico）成立「白種人至上」，開始以暴力手段對待華人。

# 華人反抗

《阿瑪多爾分類》報道了幾宗襲擊事件，例如 1876 年 10 月 17 日：「塞特溪的暴徒對在街上行走毫無惡意的中國人投擲石塊」；1878 年 1 月 26 日：「戾臣的暴徒最新的玩意是把中國人的辮子剪去」。很明顯，這些行徑都是鎮上的流氓的所作所為。不過，並非所有華人都甘願逆來順受。1877 年 8 月，在塞特溪有一名獨行的中國人遭人從人羣中投石襲擊。他自衛的向人羣開槍。更多石塊擲向他，他便連番開槍還擊。幸而沒有人在事件中受傷。據《阿瑪多爾分類》報道，「鎮上的中國人都作好武裝準備，他們決心要自我防衛，避免受到暴徒的傷害。」

受到不公平徵稅是另一件引起中國人反抗的事件。1870 年，外國人礦工稅被確認違憲，但阿瑪多爾郡仍然執行不受歡迎的道路人頭稅，向每名男性居民徵收修路費。《阿瑪多爾分類》報道收稅員 Mike Joy 因此遇上不少衝突。1878 年 7 月 6 日，當他到克林頓（Clinton）附近向幾名中國人收稅的時候，其中一人「寧願拚命也不肯繳交。」Joy 聲稱他要「經過一場最激烈的戰鬥」，才最終完成任務。

兩星期後（7 月 20 日），他又牽涉入戾臣的另一宗打鬥中。3 或 4 名華人宣稱已繳交路稅。Joy 要求證明，他們離開去取。一人帶着一張 1877 年的收據回來，Joy 拒絕接受。於是爆發打鬥，表面上是由幾名怒不可遏的中國人挑起的。一些白人加入戰團以保護 Joy。意大利人 Louis Cardinale 用木棍打一名中國人，使他頭部重創；Joy 繼續用石塊再三擊打傷者。那個華人看來傷得很重，「躲藏在一個狹逼的中國斗室裏，那裏熱不可耐，空氣中瀰漫着煙草和鴉片的煙霧。」Cardinale 和收稅員 Joy 被捕，每人要交 1,000 元保釋金。幾天之後，因為傷者似乎脫

離了危險期，保釋金才得以減少。但由於與受害人無法達成金錢賠償的協議，被告還是要接受大陪審團的審訊。

## 麻煩接踵而來

1878 年 1 月，有人想在昃臣的華埠縱火，幸而火勢在蔓延之前被撲滅了。過了一個月，在 1878 年 2 月 17 日，華埠卻因無法抵禦大自然的威力，受到徹底破壞。不出兩小

在艾奧尼一位不知名的中國工人
阿瑪多爾郡檔案

時的傾盤暴雨，使昃臣溪的北岔氾濫成洪，把華埠完全吞噬，沿岸的建築物亦遭淹浸。房屋、店舖以及一棵大橡樹瞬間遭沖走。七個人在洪水中遇難；除了一名白人外，其餘的死者都是中國人：四個男人和兩名婦女，全部人身上的衣物都給沖掉，有些人的屍體甚至給沖到在 12 哩外的河上。八間華人店舖損失估計總值 15,000 元。當河的中游氾濫的時候，其他地方亦蒙受財物損失，但受到最嚴重破壞的始終是華埠。

1878 年 7 月，《阿瑪多爾分類》駐普利茅斯的記者報道：「在『中國人一定要滾』這個問題上，普利茅斯可稱得上示範城。這裏沒有中國人的工廠、洗衣店、鴉片煙窟或賭館，更遑論妓院。照我所知，全鎮只僱用了三名中國人。普利茅斯真棒。」

1879 年，加州的第二份憲法加強對華人的歧視，禁止企業、州政

府、縣政府或地方政府僱用中國人。

　　該憲法授權「以所有必需的方法使美國的城鎮趕走中國人……同時在採納了本憲法之後，提供必需的立法來阻止中國人進入美國。」

# 阿瑪多爾郡的排華與抵制華工

## 不同地方對排華法的反應

反華運動到了 1880 年代達到高峰。加州帶頭向國會施壓，要求立法阻止中國勞工移民到美國。結果引致 1882 年的排華法（Chinese Exclusion Act of 1882），十年內禁止不論是否有專長的勞工進入美國。商人是唯一例外，而為數甚少的學生、教師、遊客以及官員亦不在排斥之列。商人得到豁免原因在美國仍然與中國有貿易往來，所以不想傷害到商業利益。更甚的是中國人不可以歸化入籍而成為美國公民。這些帶偏見的立法把中國人從移民到美國的其他族裔特別分隔出來。1888 年，斯科特法案（Scott Act）把排華法延長多十年，並且禁止選擇短暫回中國探親的華工重返美國。當年，有很多華人會定期回中國探親；因為新法，約 20,000 名華人遭拒絕重返美國。這一舉措使很多人想逃脫家鄉的貧困永久在金山居住的願景成空。沒有哪一族裔的僑民遭遇到這樣的刁難。

在阿瑪多爾郡，關於華人在美國的存在的「中國難題」受到州和全國的動向影響而產生不同的效果。人口普查一向在統計中國居民人數方面都不是很準確；據 1880 年的統計，最多中國人聚居的地方是艾奧尼和 Lancha Plana（534 人），跟着是較小的非立當（134 人）和火山區（105 人）。昃臣只記錄了 90 人。

艾奧尼市對統計結果不甚滿意。1880 年 7 月 17 日版的《阿瑪多爾分類》報道：

　　　調查結果最引人注目的是中國人的可觀比例，他們佔了人
　　口的 22%。郡內沒有哪一個地方會有那麼多黃種人構成社會上
　　如此可怕的勢力……相信大部分讀者如果知道阿瑪多爾的農業
　　是受到中國人的拖累都會覺得詫異。要解釋為甚麼他們可以有
　　這麼多人，我們不得不推斷他們不單是鐵路、煤礦和金礦的主要
　　僱員，而且亦受僱於在為數不少的牧場上工作。

　　事實上，有好幾個中國人在人口普查報告中被列為園丁、果農和
農場工人。幾天之後，在 7 月 21 日，報紙又登出了一封來自艾奧尼的
信，作者責難艾奧尼以及 Lancha Plana 暮氣沉沉，歸咎由於區上的大批
中國人「插手礦場、果園、園圃和他們四周院子的工作。」1881 年 9 月，
Lancha Plana 的華埠遭大火徹底摧毀。大火起因不能確定，可能是一名
中國男子在給燃點着的煤油燈加添燃料時引起，該男子在事件中亦嚴重
燒傷。

## 1882 年排華法案

　　1882 年 4 月，在通過阻截中國移民在二十年內到美國的排華法案
之前，切斯特・艾倫・阿瑟（Chester A. Arthur）總統曾否決有關議案。
否決是基於可能跟剛與中國簽訂的條約有衝突，該條約重申中國人在美
國所享有的權利、特權和豁免權，儘管提及暫停從中國輸入勞工，但並
非完全禁止。

　　但否決在塞特溪和昃臣兩個城鎮都不受歡迎。在塞特溪，總統的
人偶給用繩吊在大街上，下面還有樂隊奏着輓歌。昃臣亦不遑多讓，在

商業區，有人鞭打總統的人偶，然後焚燒。《阿瑪多爾分類》對羣眾的情緒表達同情，但譴責這種「以古老的野蠻手段來表達不滿」的行為。

　　一個月後，阿瑟總統答應將所有華人勞工拒於美國之外十年之久，並簽署排華法案，然後由國會在 1882 年 5 月 6 日通過。新的反華條例激起阿瑪多爾郡一些華人的憤慨與驚惶。《阿瑪多爾特派》在 5 月 13 日報道艾奧尼市民的反應：「在剛過去的星期六和星期日，本地的中國居民在華埠舉行大會，而據我們所知，Ione Celestials 亦在星期二晚爆發大規模行動。究竟他們是慶祝第一個有關華人的法案遭到否決，還是慶祝新法案的簽訂……我們就不得而知了。」艾奧尼的中國人很可能是在抗議通過排華法；而非立當的反應尤其強烈。

## 對華人的威嚇

　　中國人壟斷了洗衣行業，他們在昃臣、塞特溪和艾奧尼開設「洗衣館」。這是開放給中國人的行業，他們沒有遇到競爭對手。不過，仍然存在着隱憂。1883 年 6 月，昃臣的一間洗衣店受到地痞破壞，掛在店外晾曬繩上的衣物給人剪碎。沒有人作出投訴。兩年後，有幾名業主想買下中國人的洗衣館，然後把它拆毀。塞特溪的華人洗衣店也受到類似的「打壓」，只是有中國人在鎮上另址把洗衣館重建起來。

　　阿瑪多爾郡的參事委員會通過了一項帶歧視的豬圈法令，目的在把華埠圈養的豬遷移到其他地方。很多華人都養豬，既為自用，亦作買賣。華人是最先遵從法令的人，把他們的豬圈從昃臣的華埠搬遷到鎮北面的一個華人花園。

　　排華法並不足以解除反華的敵意。個別罔顧法紀的人用各種手段

—— 甚至縱火，務求趕走中國人。非立當的華埠在 1884 年 9 月遭人縱火燒燬；一個星期後，炅臣的華埠亦險遭縱火，幸而得該區機警的華人守衛及時制止。類似的事件在其他華人社區重複發生。然而堅韌的中國人又再把華埠重建起來。

## 抵制華工

縱火既然無法威嚇中國人放棄他們的生意和居所，內華達山脈的城鎮特拉基（Truckee）採取了另一手段，且很快為加州其他城鎮所仿效。特拉基早已用過縱火和暴力等手段恐嚇威逼在該區生活和工作的中國人，很多都是在那裏修築鐵路的勞工。仇視中國人的一羣人受到一名野心勃勃的報紙編輯 Charles McGlashan 的煽動，開始一項行動斷絕勤勞的華人的生計，他們抵制中國人的生意、解僱中國人，最終要使中國人陷入絕境。這一種「特拉基方法」被視為合法的趕走中國人的方法。

1886 年初，抵制華人的好處和壞處在阿瑪多爾郡引起辯論。《艾奧尼谷之聲》（*Ione Valley Echo*）在 3 月 13 日登出一篇支持抵制的社論：「我們看不到抵制有甚麼地方是違法的。任何市民當然有權說：『我不會僱用中國工人，也不會買中國人造的貨品。我也不會支持那些僱用中國人和堅持與中國人做生意的人。』」

《阿瑪多爾分類》譴責《艾奧尼谷之聲》，並強烈反對抵制。它在 3 月 16 日的社論聲明：

　　　　我們一直以來反對這一班異族的湧入；但我們也不會因有

　　很多人在叫嚷而幫腔；我們拒絕認可反華的方法，因為假如那些

方法得以落實，將意味着在本土有 80,000 個為神聖的自由和人權而努力的人要捱飢抵餓……。我們想明確地表示，《阿瑪多爾分類》雖然對有如此龐大數目的中國人出現在西岸而覺得遺憾，但亦反對把抵制交易當作合法的方法把他們趕走。我們承認每一個人都有權隨意願與誰交易或僱用誰。

在艾奧尼和普利茅斯成立的反華組織立意用合法的方法，阻止僱用華工以及「成功合法的把中國人從社會上消除」。

昃臣在 3 月下旬召開了一個公眾大會討論「中國人的問題」。會議深受議員 Anthony Caminetti 的影響。[8] Anthony Caminetti 剛參加了在沙加緬度舉行的反華大會，會上倡議終止中國移民、「盡每一項合法措施」趕走中國人，以及全州抵制華工。[9] Caminetti 以及特拉基的 Charles McGlashan 出任大會行政委員會的人民代表，與他們一同出任的還有來自州內每一個縣的代表。

Caminetti 解釋抵制行動需要接觸有僱用中國人的商號，敦促他們聘用白人工人來取代華工。拒絕取代的商號會受到抵制。並非所有出席昃臣會議的人都贊同這些措施，認為這限制了自主的自由。無論如

---

8　Anthony Caminetti 在 1883 年當選進入加州議會，1886 年成為加州參議員，1890 年當選美國國會議員，1896 年及 1898 年再當選加州州議員。

9　1886 年 3 月 13 日的 *Daily Alta California* 全面報道了大會的發言，可見它是徹頭徹尾的針對華裔，聲稱中國人的到來是「侵略而並非移民」，又說中國人不可能融入社會，因為他們在加州沒有家庭；「又因為所受的教育和傳統習慣」，會與共和政體的政府為敵；又指責中國人把錢儲起來寄返中國而不在本地消費。

何，沙加緬度會議的倡議還是被採納了。到了 4 月，委員會的會員增加至 54 人，相對住在晟臣總數 2,140 名白人來說，並不是很大的比例。

最初，要求抵制的熱情高漲。《艾奧尼谷之聲》在 4 月 10 日勝利宣稱：「今天，據我們所知，除了由他們自己族裔的人僱用外，沒有一個中國廚師、傭人或勞工受僱於本鎮。」該報還鼓吹關閉中國人的洗衣店，指出「沒有足夠的白人從事這項工作，結果我們很多市民無奈的被逼把他們要洗的衣物交給中國佬」。

在幾個月間，抵制行動宣佈失敗。到了 5 月底，普利茅斯的反華組織解散。雖然很少中國人受僱於普利茅斯，但那裏一向是最早成立反華組織的地方。其後，有報道說艾奧尼的反華會議反應慘澹。

6 月 19 日，《阿瑪多爾分類》宣稱受艾奧尼旅館解僱的廚師已獲重新聘用。「在目前的環境下，不得不承認必需聘用中國廚師。事情到此地步實在可悲。白人廚師給旅館廚房擯棄得太久，以致他們已經無法輕易的執行中國佬已駕輕就熟的工作。所以，這並不可以辯解為中國人廚師較白人廚師優勝。」

晟臣的反華組織亦告瓦解。阿瑪多爾縣的抵制華工行動宣佈失敗。他們需要華工來做白人不願意做的工作。

# 第二章

# 非立當的特例

# 1870 年代非立當的華人人口

非立當並沒有反華的組織，這可能是由於那裏的人口三分之一是中國人。不過，仍有一些白人抵制華工。1877 年，American Flat Gravel Company 買下當地大部分的採礦權，成為最大的礦務企業。公司的新東主聲明他們 70 名僱員當中只有一個中國工人。

該鎮在幾十年間發展緩慢，人口只得 1,200 人。由於並非石英礦深井所在，所以始終不是郡內的重鎮。非立當仍然有活躍的商業活動；居民的主要職業是耕種和採礦。

十多年以來，中國移民中大多數 (80%) 都是礦工，不是獨立工作就是為華人的公司打工，因為白人僱主都不想聘用他們。1870 年的人口普查記錄了幾個從事其他職業的人：商人 Wo Sing (43 歲)、On Yee (25 歲)、Foo Kee (47 歲) 以及 Ah Hon (30 歲)。Cheong Fu 任餐館廚師，Ah Hin 是裁縫，Ah Hunn 是醫師，Ah Choyn 是醫生，Ah Lung 是麵包師，Chung 是理髮師，還有 Ah Lim 和 Ah Hul 是獎券代理商。普查還記錄了 37 名中國婦女，都是「主婦」，與男人的數目相比，仍屬少數。

中國礦工、勞工和其他工人的生活雖然艱辛，但仍抱着在美國生活會得到改善的希望。一如其他的華人社區，書信往還於非立當與家鄉之間；親友把在金山成功的例子傳話回中國。能負擔得起的人會間中返回中國，作短暫逗留探親或結婚生子，希望能獲得後嗣。其他在加州賺了錢的人 (大部分是商人) 會返回祖家捐獻，改善家族和家鄉的條件。中國移民源源不絕的到加州，與早已在非立當和其他地方立足的親

人團聚。由於廣東的經濟環境慘澹,很多人到來尋覓工作。

　　根據非立當墓園登記冊所載,1870 年非立當的華人主要來自中國東南部珠江三角洲幾個地區。最為代表的是很多來自三邑較富庶的縣的商人。也有來自四邑 —— 尤其是台山的移民。來自這些地區的人大部分是農夫和勞工,他們説的是台山話。此外,非立當的華人亦有來自香山縣的。儘管在非立當的華僑説不同的方言,但在美國人眼中,他們都只是中國人。可能因為貿易和友誼已經超越了籍貫,所以他們能融和共處。稍後我們便可看到,整個華人社區無分彼此協力為郡內的墓園籌款。

非立當　約 1800 年代晚期　阿瑪多爾郡檔案

非立當仍是鄉下和小地方　阿瑪多爾郡檔案

# 非立當華埠承受的壓力

在 1880 年代，非立當被視為華人之鎮。鎮上人口中最少 46% 是中國人，差不多佔一半人口，而當中約 15% 是婦女和女孩。這十年間，最著名的是商人朝記 [10] 和他的妻子細彩。非立當佔地縮減至一條只有三百人的村落，甚至用了一個新的名字：奧利塔 (Oleta)。這名字由 1878 年一直沿用至 1932 年。鎮上的白人區和華埠有興旺的商業區，包括售貨店、馬廄、鍛鐵工場、旅館、客棧、酒吧、一間釀酒廠、鴉片窟和賭館。

## Kutchenthal 謀殺案

因為一宗殘酷的謀殺案，為了搜捕兇手，白人區和華埠的交流便無可避免。1881 年 1 月 26 日早上，位於大街中心的商店一名職員 Henry Augustus Kutchenthal 給發現倒斃在血泊中，他的頭部有幾處傷痕。兇器是店內的一把斧頭或短柄斧。從前門一直至後門的腳印看來，可以確定最少有兩人犯案。店內沒有任何財物損失；案發當晚鎮上也沒有發現有任何陌生人。

罪案的動機令人費解，但首先受到懷疑的是非立當的中國人。《阿瑪多爾分類》在 1 月 29 日這樣報道：「在奧利塔的人口比例中，中國人所佔的比率較郡內其他鎮都要高。Kutchenthal 的生意多數是與中國人往來。他們習慣把金砂賣給他，然後向他換取貨品。這樣的黃金交易使

---

10　譯者：顏滿朝。

他經常在店內存有大量現金……」

警方徹底搜查華埠。到了 2 月中旬，一個中國人在證據薄弱之下被拘控。《阿瑪多爾分類》再次報道：「發現命案的時候，現場的水龍頭下面有一個半加侖的容器裝了一半中國酒，給人的印象那些酒與命案有關。不過，這並不足以武斷兇手就是中國人，因為白人也有喜愛那種廉價酒的。」受拘控的華人並不涉案，但案件卻是與酒有關。案件直至 1883 年 9 月才水落石出，一個來自當地一個顯赫家庭的男孩承認參與犯案。他與其他兩人遭拘控，他們之中沒有一個是中國人。案情是其中一名被告試圖從商店偷酒，不幸的 Kutchenthal 卻剛好撞上了。

1880 年，大約一半的華僑是礦工。那個時候，雖然仍有超過 50 名華人受聘於本地的小規模礦務東主，但非立當的礦業已經興旺不再；當礦業發展慢下來，他們便失去工作。獨立的淘金可能更有利可圖。1883 年，一班中國人在過往產金量豐富的 American Flat 附近開採了價值數千元的金子，而那塊地，他們只用了 300 元購買。

## 對排華法的反應與反響

1882 年的排華法引起了非立當的寒蟬效應。根據一篇新聞報道，阿瑪多爾郡的中國人武裝起來。特別在非立當（奧利塔），「一班為數約五十的人裝備了步槍，經常進行操練和射擊訓練。只要當中有人已經達到精練的程度，就會立即由新丁加入替代。」到底是非立當的中國人組織起來抵抗排華法，還是報道想危言聳聽，引發起白人之間的恐慌呢？

消息的來源是頗成疑問的，報道來自一份一頁的報紙《普利茅斯記者》（*Plymouth Reporter*）。這份報紙創刊於 1882 年 4 月中旬。普利

茅斯是眾所周知反華的，但這段所謂新聞仍然為《沙加緬度聯合日報》
(*Sacramento Daily Union*) 所轉載。之外就沒有一份阿瑪多爾郡的報紙
報道非立當有武裝抵抗。

很有可能華人預備在受到白人暴徒的任何暴力侵襲時保衛自己。
他們很多人一定會因為排華法的通過而感到沮喪和失望。1882 年 7
月，在排華法通過幾過月之後，大批中國人離開非立當返回中國，遺下
他們定居加州的夢想。

1884 年 9 月，非立當華埠罹縱火大災難。在此之前，非立當是阿
瑪多爾郡內少數沒受過大火蹂躪的鎮。J.D.Mason 在他 1881 年的阿瑪
多爾郡歷史中提到中國人擁有鎮上大部分舊區。他觀察到「假如發生火
警，那些殘破的建築會立即燒燬，而那些古老地標將會瞬息間灰飛煙
滅。」真是一語成讖，他的文章寫成三年之後，一場縱火引起奧利塔前
所未見的大火，把華埠完全摧毀。約有二十五間木構建築，其中三至四
間是商店，全部化為灰燼；約 200 至 300 人無家可歸。大火的範圍只
限於華埠，因為要竭力保護華埠邊界的馬廄，所以火勢並沒有向東蔓
延。

到了 1885 年 1 月，華埠得以重建。位於非立當東面邊界的馬廄業
主 Charles Atkinson 買下馬廄附近的幾個地段，以防華人區再遇縱火時
受到波及。很奇怪，報紙完全沒有提及在大火中倖存的磚構建築——
朝記雜貨店、對面的賭館以及東面的富記雜貨店。

當 1886 年發生抵制華工的時候，非立當成為逃避歧視的華人的避
難所。2 月 22 日出版的《阿瑪多爾分類》指出抵制華工的結果是阿瑪
多爾郡吸引了其他地方的中國人到來。「這趨勢在向來中國人人多勢眾

的城鎮尤其明顯。在奧利塔和艾奧尼，中國居民的劇增已到令人側目的
地步。」非立當緊密的華人社區為華僑提供了安全和庇護。

# 第三章

# 金山的日常生活

# 連繫網絡：華人社團

從中國東南地區來到加州和美國的華人鄉里之間保持着緊密的連繫。他們在中國的籍貫成為社區關係的凝聚劑，亦是他們在異鄉的身份認同。為了互相幫助和維持生計，他們尋覓來自廣東同縣的鄉親——與他們説同一方言、甚至可能認識他們在鄉下的親友的同胞。

## 會館

類似美國人喜歡組織社交、公眾和慈善會社，華僑亦組織錯綜複雜的公益社團網絡，把移民彼此聯繫起來。如前面所述，社團——或稱會館，由華僑到埗加州到離開的一刻，擔當了支持、協助和照顧他們的重要角色。會館的主要任務在調解糾紛、在反華暴行中保護社員，以及協助有需要和年老的人返回中國。會館的中介人在回鄉的人清償了所有債務和費用之後給他們簽發出境許可。回鄉的人必須持有這些「出港票」才可以登上輪船回國。這些會館透過屬下的組織負責為過世的華僑把骨殖運返中國。

1851 年，華僑商人組成兩大會館：代表廣東三個縣（南海、番禺和順德）的三邑會館，以及代表在珠江三角洲西面四個縣（台山、開平、恩平和新會）的四邑會館。此外，廣東其他地區的華僑亦組成自己的社團。較大的社團往往會分支出較小的屬會，會員之間有若干的共通，例如來自同一個縣或同一宗親。屬會之間不一定會合作，有時甚至會發生爭執。

其中一次爭執還差點演變成暴力事件。事發於 1854 年 5 月。在戽

臣，兩大班中國人聚集並且帶備武器準備械鬥。報章臆測事件的起因是廣東和香港兩批人對一項影響到加州華僑的滿清政策意見分歧。而更可能，衝突是由於兩大會館——四邑會館和三邑會館會員之間的不和。震驚全縣的是有一輛篷車裝滿了「製法極為不可思議」的戰鬥武器，包括長矛和短劍。據報其中一批人中的一名中國男子負責在斯托克頓買鋼材預備製造鋼矛頭。幸而「戰事」沒有爆發，所有武器給警方充公，而滋事者在 6 月 1 日遭到拘控。

西北的威瓦維爾（Weaverville）在同一年發生類似的衝突，並演變成暴力。這一宗稱為「威瓦維爾戰爭」的衝突是由兩個社團的會員之間的爭執引起，其中一方指責另一方在賭館使詐。事件中有 8 人被殺，20 人受傷。

## 非立當的三邑會館：昌後堂

總部設於三藩市的三邑會館早於 1850 年在史托克頓和 1851 年在沙加緬度成立分會，目的在照顧礦區一帶的華人福利。

這個會館在非立當有很突出的地位。鎮上很多商人和企業家都來自三邑其中的番禺。因此，隸屬於會館的分支，聯絡來自番禺的移民的昌後堂在非立當便很有代表性了。當 1871 年非立當首次簽發地契的時候，一個名 Ah Chow 的人代表昌後堂買得土地。與其他由中國居民購買的物業不同，這一塊地並非位於大街。它在鎮的北面一條現在稱為非立當街的小橫街上。多年之後，根據 1909 年和 1912 年的稅務記錄，昌後堂仍然存在，不過已經是在鎮的另一區，很可能是在大街上。

昌後堂的主要工作是為死去的移民執骨，然後運返中國的故鄉殯

葬。在另一章〈葬於非立當，歸根中國〉會詳細説明這習俗。重要的是，
在朝記雜貨店發現了有關昌後堂的珍貴和詳盡記錄，説明了把上千的骸
骨從三藩市運往香港的這段歷史。

## 昭義堂

　　華僑組織堂，「堂」本來指聚會的地方，但亦可以是秘密會社。在
加州，有一些堂是為了保護華人防禦暴力襲擊而成立，但亦有一些聲名
狼藉的堂牽涉入非法勾當和犯罪活動中，包括開賭包娼及販賣鴉片。

　　昭義堂隸屬三邑會館，由番禺華僑在 1880 年末在三藩市成立，當
時不同的會館之間產生激烈的衝突。昭義堂的宗旨在「保護」三邑會館
和昌後堂的會員。跟其他的華僑組織一樣，剛到埗的移民把在家鄉的不
和延續到新土地上並在這裏爆發。昭義堂基本上成為幫派，與敵對的華
人組織「開戰」。它亦有力控制同盟的組織，其他社團的會員懾服於威
嚇給予他們「保護費」。非立當的華僑當中包括朝記和馮秋有也要給錢
這組織。

## 昃臣的致公堂

　　昃臣的致公堂 [11] 在 1879 年 8 月 7 日成立，社址在昃臣的華埠。致公
堂在 1870 年在加州及美國和加拿大很多地方成立了分堂。組織本身其
實與致公堂沒有任何關連，唯一共通的是會員都要經過繁複的入會儀

---

11　譯者按，英文名稱為 Chinese Masonic Lodge；中文名稱各有不同，皆為洪
　　門組織，包括洪順堂、致公堂、義興公司、成義堂等，後改為致公堂。至於昃
　　臣早期的洪門組織名稱為何，未能查考。

昃臣的致公堂　阿瑪多爾郡檔案

式。中國的反清秘密組織已有悠久的歷史。很多由漢人組成的秘密會社多次叛變起義欲推翻滿洲人的統治但不成功。致公堂秉承了這個推翻滿清政府的精神。採用「Chinese Masonic Lodge」這個名稱，可能是希望這個易於為人接受的名字能增加在白人眼中的合法性。[12]

　　1880 年代，組織的名稱改為致公堂，昃臣的華僑亦採用這名字。致公堂的勢力與日俱增，可以說成為華人在海外最有勢力的組織。它支持在 1904 年加入檀香山分會的孫中山先生，幫助他籌款和發動辛亥革命。

　　1880 年，昃臣的華埠舉行了盛大的典禮，慶祝致公堂的開幕。1880 年 7 月 17 日的《阿瑪多爾特派》有這樣的報道：

---

12　譯者按，Masonic Lodge 為美國的秘密結社共濟會。

　　普天同慶——本地的中國人剛在鎮較低的一方建成一座新房子，裏面擺放了很多奇特的人物肖像，據我們所知，這房子將用作美生堂或廟宇。為了紀念這座廟宇峻工，大批中國人上星期六從德賴敦和其他地方到來，以我們從未聽過的喧天鼓樂開始，同時又在街上舞動着只有最豐富想像力才能幻想出那猙獰面目的東西來……這東西在一隊嫻熟的中國樂隊悅耳的音樂伴奏下間歇地在街上巡行，直至星期日晚上……一般來說，這是慶祝新建築物落成啟用的儀式。

　　圍觀和參與的人目睹興高采烈的「舞獅」表演：造型突出的紙紮巨頭和五彩布身的醒獅在幾名舞者不停舞動下，在街上巡遊。在獅子前面，是笑臉「大頭佛」手執葵扇在引路。舞獅是一直流傳至今的特別節日慶祝活動。

　　根據上述記載，昃臣的致公堂開幕除了昃臣華埠的居民外，還吸引了其他地區的華僑到來。到底這次昃臣分堂的活動本質是政治的還是社區的抑或與幫會有關呢（很多地方確如此），我們無法知道。但有一點可以肯定的是，堂口的組織龐大且勢力雄厚。

## 華人社區的慈善捐獻

　　關顧貧困，使不幸的人得到救濟和食物捐獻，這是中國文化精神之一。在金山的華人團體為窮困有需要的人、為廟宇墓園、為宗教儀式、為經費而募捐。非立當的華人社區——包括婦女，都熱心捐獻不同的慈善公益。三藩市的社團組織派發捐獻冊予本地的商人擺放在他們的

商舖。到訪商舖的人受鼓勵捐獻，捐助者的名字和籍貫會加在其他地區捐助者的名單上。在朝記雜貨店發現的捐獻冊便顯示三邑會館不同屬會之間的聯繫：

1. 一本 1882 年的番禺公司賬簿記錄了公司在非立當的收支。其中記錄了捐獻者包括商人富記、顏朝記和富商叚金玉（Ga Gum Yuk）。

2. 一本 1888 年為沙加緬度每年一度建醮超渡無主亡魂儀式募捐的冊子。

3. 一本 1895 年三藩市昭義堂為番禺華僑募捐的冊子。顏朝記和叚金玉為此捐了錢。

4. 一本 1899 年的冊子記錄了為三藩市三邑總公所建廟籌款。有 4 名捐獻者是來自番禺，其中 3 人姓顏 （不一定是來自同一家族）。

這些從朝記雜貨店找到的冊子，說明了從三藩市到偏遠的礦區華人社區之間的聯繫。在當時的排華立法和行動浪潮中，華僑互相照應，而在非立當的華人對同胞更是慷慨樂助。

# 華人婦女、男人及同屋共住

## 華人婦女

很少中國婦女自願到加州來。「三步不出閨門」的傳統觀念使婦女守在鄉下，與家人或夫家同住。遠赴美洲的路費不菲，而在加州生活亦不好過。由男人出外到美國工作，把賺得的錢寄回家鄉養活全家是更為上算。

在中國，一些陷入絕境的家庭要出賣女兒當娼為奴，這些少女根本無法捱得住到美國的顛簸旅程。在 1850 年代初，有少數中國娼妓甘願到加州來。到了 1854 年，華人堂口控制了賣淫行業。堂口以拐騙的手段或假借結婚或應聘當僕人的名義，「輸入」少女和婦女。有一些稱為「妹仔」的奴婢賣身給富有的華人家庭，被視作主人的財產，與奴隸無異。另外一些婦女被逼當娼或契約勞役。很多給送到礦區，以滿足那裏對女性的需求，成為賺錢的工具。

從早期開始，中國娼妓已經在阿瑪多爾郡出現，嫖妓的亦不只限於中國人。1854 年，一名參予教會及禁酒組織禁酒之子（Sons of Temperance）的非立當女居民便指責鎮上出現「被其他城市驅趕的中國和其他國籍的娼妓」。非立當的 1860 年人口普查報告便記錄了有六名華人「妓女」。她們的年紀從 18 歲到 30 歲，同一名 30 歲的賭徒 Ah Lang 住在同一居所。

昃臣的鎮議會在 1855 年受大陪審團起訴，罪名是巧立名目向「中國人房屋」每月徵收 20 元的牌照稅，而那些房屋是「意圖作不良用途，作為公娼場所，容納中國娼妓」。稅收一共帶來約 2,000 元的進賬。妓

院的其中一個業主是 P.P. Rozario，他在昃臣華埠擁有不少物業。大陪審團確認該項徵稅為不合法。但到了隨後的任期，指控獲撤銷，妓院仍然成為昃臣生活的一部分，直至 20 世紀中葉。

從 1873 年德賴敦一宗偵查一名叫 Ah Choy 的中國女子死於鴉片的事件可以看到娼妓的生活是很悲慘的。Ah Choy 給發現用水吞服鴉片，幾小時後痛哭嚎啕。她服食鴉片的原因令人懷疑。根據其中一名中國證人，她一向沒有服食鴉片煙。這名證人聲稱她是被向她逼婚的 Ah Man 強逼吞鴉片的。但 Ah Man 的供詞卻完全相反，聲稱她自殺是因為不願住在妓院以及不願為了籌錢與他結婚而當娼。調查團的結論是她死於自殺，是很多不幸被逼當娼的婦女的又一例子。在中國，吞食鴉片來了結一生是娼妓常用的方法。Ah Choy 死時約 20 歲，她是寧死也不肯屈從當娼。

並非在阿瑪多爾郡的所有華人婦女都是當娼，也有從事其他行業的，例如 1860 年在德賴敦有一名婦女當簿記，另一名做洗衣女工。1860 年人口普查報告中，有幾名婦女自稱為工人。

有幾宗中國男人和中國女人結婚的記錄。最早一宗是在昃臣的 Assim 和 Ah Hou。另外一些有記錄的婚姻在德賴敦、Lancha Plana 和非立當。1860 年，Camache 29 歲的 Ah Look 與三藩市 19 歲的 Ah Gee 結婚；兩人都是原籍廣東。同一年，德賴敦 25 歲的 Ah Hung 娶 20 歲的 Ah How。另有三宗非立當居民的婚姻記錄：1863 年的 Ah Poo 和 Ming Sing；1867 年的 Ah Pokiman 和 Len Qui 以及 1880 年的 Wong Cun 和 Foak Thoy。毫無疑問，應該還有其他的結合，但是沒有官方記錄。

　　1875 年通過的佩奇法案（The Page Act）目的在阻截亞洲娼妓進入美國，卻令到所有中國婦女都難以入境。所有想進入美國的婦女──就算是已婚的還是因其他原因長途跋涉到來的，都被懷疑是娼妓。再加上 1882 年通過的排華法，入境的婦女數目下降至只有很少數。這與其他族裔移民可享受到家庭團聚的機會大相逕庭。能夠合法入境的，主要是商人、外交官、中國留學生以及美國公民的妻子；但她們入境時都要忍受移民官的刁難羞辱。大部分商人和上流華商的妻子都受纏足的習俗束縛，很少離開住所，所以在華人聚居的美國城鎮中很難見到她們露面。

　　在阿瑪多爾郡以及加州其他地區，中國男人的數目都遠遠超過女人。1860 年的德賴敦記錄得最多華人，但只有 12 人，只佔 2%。非立當的情況一樣。昃臣在 1860 年有最大的華人婦女與男人的比例，510 人中有 51 名婦女，佔 10%。這些婦女中主要是娼妓。這些在 19 世紀到來的中國婦女的生活到底是怎麼樣的，我們所知的卻不多。

## 華人男人

　　傳統上很多由女人做的工作──洗衣、烹飪、管家──在美國都由中國男人做。這些工作都是他們在中國不會做的。為了生計，尤其要在充滿敵意的環境中爭取僅有的工作機會，他們不再計較，甚麼工也願意做。旅館和家庭很多都是由中國人擔任廚師和僕人。

　　大部分住在阿瑪多爾郡和其他地區的中國男人都得不到中國人向來重視的家庭生活。很多人都把妻子留在家鄉。而有些人，妓女是他們唯一接觸到的女性。偏見再加上 1872 年加州的反異族通婚法例，禁

止不同種族之間的婚姻。聯邦帶歧視的立法又造成了破碎的家庭。1880 年代的排華法，以及接着而來的斯科特法案禁止中國勞工進入美國，亦阻止短暫回中國的勞工重返美國。除了一些富商外，

在艾奧尼唐人街的中國男人　Ken Clark

在美國已經安居樂業的中國男人都不想返回中國，結果便永遠與家庭隔絕。很多留在中國的妻子從此再無法見丈夫一面，成為所謂「金山寡婦」，一些夫婦分隔長達二十、三十年。隨着 19 世紀遷移，很多留在加州的中國男人實際上都變成獨身漢。

## 同屋共住，兒童

　　根據 1870 年非立當的人口統計，女人佔了華人總人口的十分之一。她們的職業全都列為「主婦」，這名詞也是用來形容已婚身為家庭主婦的白人女人。但是這三十七名中國女人中大部分人的生活都與一夫一妻制下的家庭主婦不同；由於沒有提及有兒童，很難不使人推想她們都是娼妓；當然，也有可能她們當中有一些是住在金山的男人的親人。他們的居住方式有不同的組合：三至五個年齡從 18 歲到 40 歲的女人與一個男人 —— 通常是礦工同住；或者一兩個女人與幾個礦工同住；或是兩個至四個 20 多歲的女人住在全女性的居所。例如：31 歲的 Ah You、22 歲的 Ah Qui 和 20 歲的 Ah Koo 與一個 41 歲的中國礦工同住。另外三個女人與廚師 Ah Soy 同住。在另一個家庭，四個女人

替六個礦工打理家務。這種同居組合與中國三、四代同堂的家庭模式都是很不同的。

在另一份人口統計記錄中，21 歲的 Ching 為兩個礦工 —— 32 歲的 Ah Hip 和 24 歲的 Ah Foy 持家。40 歲婦女 Ah Lin 與 30 歲的礦工 Ah Kay 同住；這是唯一一個男性與一個女性同住的記錄。從她的年齡來看，她應該是他的親戚而不是配偶。47 歲富商富記的家中除了 3 個職員和一個礦工外，還有一個 32 歲的女人 Sing Choy。她很可能是繼室或姜侍。

此外，還有三個全女性同居的不同例子。例如 28 歲的 Ah You 與 24 歲的 Ah Choy 和 22 歲的 Ah Hee 同住。這些少婦顯然都是娼妓；但她們與其他娼妓一樣都是華人社區的一部分，所以並沒有遭白眼。她們有自主的收入，她們會用來捐助慈善和公益，這一點會在〈非立當的華人墓園〉一章中再述。

相比之下，晨臣的婦女只佔華人總人口的百分之五而已，而 1870 年的人口普查並沒有顯示任何一夫一妻的關係。例如，四名婦女為 34 個礦工「持家」。34 歲的 Vee Sun 與商人 Ching Lang、五個礦工和 21 個工人同住。由於普查員是逐家逐戶走訪的，可以假設這些人都是住在公寓裏。

晨臣的人口普查登記了有兒童，都是在加州出生的。例如：Ah Hee，30 歲，與兩名年齡分別 5 歲和 8 歲的兒童、兩名礦工以及「家人」Ah Young 同住。所謂「家人」，很可能是親戚。另一個女人 Ah Molly 與洗衣工人 Ah Sam 和一名 3 歲兒童同住，而「家人」中還有另一名 35 歲的女人 Yu Sing 和一個 38 歲的礦工。雖然這些女人沒有明確記錄為

「妻子」，但他們是否傳統有子女的夫婦呢？在另一宗記錄中，三個女人與一名 15 歲的男孩同住。

10 年後，到了 1880 年，昃臣的 90 名華人中已經有 12 個女人。其中一半給確認為「妓女」，當中最年輕的為 14 歲，而年紀最大的是 45 歲；以娼妓來說，年紀差異頗大。她們與 45 人住在公寓裏。艾奧尼和 Lancha Plana 兩個鎮的中國人人口合共為 534 人，當中只有 22 個女人。9 個人給列為「妓女」，另外兩個人在「妓院」工作。其餘的女人給列作妻子和女兒。

結婚證書　阿瑪多爾郡檔案

　　相對來說，非立當婦女的地位到了 1880 年已有改善。雖然在已點算的 136 個中國人中只有 20 個女人，大部分都是妻子、姨太太和女兒。她們當中有些可能曾經當娼，但已經逃脫或贖身；其他的可能歷盡艱辛，克服入境的刁難到來。有一個 25 歲名「蘇絲」的女人單獨居住，她給確認為姨太太。她到底是一位妓女、夫人還是經濟獨立的女性呢？

　　這時候的非立當華埠都是二至三人的家庭，通常會有一至二個寄居客。有一些家庭裏有兒童，但全都是女孩，見不到有男孩的記錄。排

中國男人與其家庭，很有可能是非立當的華人　阿瑪多爾郡檔案

除了萬難，總算是建立起家庭生活了。這些兒童生於加州，可以合法成
為美國公民，而這正是他們生於中國的父母求之而不得的。

　　50 歲的雜貨店東主 Ah Kee 與他 25 歲的妻子和 7 歲大的女兒同
住。45 歲的妻子 Ah Cho Kim 與 7 歲女兒 Ah Yee 和 50 歲做淘金礦
工的丈夫，還有三名住客 —— 其中一個是女人同住。50 歲的小販 Ah
Wung 與 32 歲的妻子和一名 15 歲男孩同住；該男孩在雜貨店工作，並
不是他的兒子。54 歲的淘金礦工 Ah Cho 的家裏有妻子、10 歲的女兒
Ah Ding 以及 38 歲給形容為「姨太太」的住客 Ah Ka Yow 太太。

　　有幾個女人是佔非立當華人人口十分之一的賭徒的妻子或姨太太。
28 歲的 Ah He Toy 是賭徒 Ah Sin 的妻子，與他們同住的有一名淘金礦
工。35 歲女人 Ah Gwi 與 63 歲開賭館的 Ah Lin 同住。特別值得留意
的是一名 43 歲的賭徒 Ah Chu 與 34 歲的妻子莎拉以及 60 歲的淘金礦
工住客同住。因為年齡完全吻合，他們會否就是朝記和細彩呢？

# 生活調劑：鴉片與賭博

　　對於與家鄉遠隔重洋的單身漢來說，賭博和吸食鴉片可以帶來片刻的歡愉、希望和忘懷。鴉片並不是由華人移民引入美國的。早在1800年代，鴉片已經作為一種專利藥物廣泛通行，而鴉片酊更加用作止痛和止咳，但鴉片在美國要到1909年才合法。由於英國向中國的大量輸入，中國人早已熟悉鴉片。而又因為販賣鴉片利潤可觀，香港的商行便把鴉片裝箱運往三藩市；到達後廣泛分銷到加州的華人社區。在中國人開的雜貨店是不難買到鴉片的。在朝記雜貨店便可以買到最通行和品質最好的牌子：麗源，也可以買到煙槍和煙燈等吸食工具。考古學家

非立當賭館　Ron Scofield

在德賴敦發掘出麗源和其他牌子鴉片的錫罐以及一些吸食鴉片用的器皿。

中國人視吸食鴉片為一種社交活動，可以給他們在一天疲累的工作後帶來鬆弛和交誼。鴉片亦可藥用，舒緩身體的痛楚。由於會產生快感和有麻痹作用，所以鴉片可以在不同的場合吸食：賭局、酒樓、交誼場所，以及專為吸食鴉片而設的煙窟和煙局。妓院裏的嫖客和妓女會吸。吸食鴉片成了逃避日常勞苦和在美國社會受歧視壓逼的方法。並非每一個吸食鴉片的人都會變成衰頹的癮君子，因為他們大部分都要在第二天努力工作以求生存。不過，上癮的機會還是很大的。在中國，鴉片對 19 世紀的國運已經造成災難性的影響了。

當白人男人和女人都受吸引到煙窟去，便引起加州公眾嘩然了。當塞特溪出現反華呼聲的時候，1877 年 12 月 8 日的《阿瑪多爾分類》登出了一篇題為〈甘於墮落〉（Degradations Depths）的文章，報道白人至上組織「白人至上聯盟」（Order of Caucasians）的成員目睹幾名男女進入該市的中國人煙窟，目的在「從異族人中找尋同流合污的人，沉溺於戕害我們本性的卑劣惡習中⋯⋯。」儘管有自以為是的公民努力驅趕，但在三年後，仍然有白人進出塞特溪的煙窟。全加州的華人都受指責吸食鴉片，也因而把他們與社會的種種流弊聯繫起來。

在淘金熱的年代，賭博在加州的各個族裔中盛行，甚至在 1850 年由州和市發牌開賭以增稅收。但隨着女性和家庭爭取要受到重視，社會風氣逐漸改變至全面禁賭。1860 年，加州禁止與莊家對賭的賭局，遏止了白人之間的公開賭博，但對遠離家鄉的華人勞工來說，賭風仍然熾熱。各地的華埠都有賭館，吸引大批華人勞工來娛樂，也希望碰運氣能

白鴿彩票　吳瑞卿

發橫財。他們背負着家鄉對他們能從金山衣鄉榮歸的期望。

　　非立當在 1860 年代已經有華人賭徒，人口普查上就登記了有 12 人。到了 1880 年，鎮上十分之一的華人都與賭業或彩票買賣有關。華人單身漢經常流連非立當的賭館，牌九、番攤和麻將都是他們喜歡的玩意。

　　很多華人在朝記雜貨店買白鴿彩票。票上印了《千字文》前 20 句（每句 4 個字，共 80 字），例如：「日月盈昃」、「秋收冬藏」、「金生麗水」、「寒來暑往」等。參賭者在票上圈出幾個字 —— 通常是 10 個或以上，然後連同投注交給代理人。莊家和代理人從不同的地方收集了彩票，登記了注額。到了指定的時間 —— 通常在黃昏，莊家便會抽出入圍的字，寫在另一張紙上交給商舖、食肆和區內其他地方公佈。猜中愈多字獎金便愈多 —— 扣除了最高 15% 的佣金（其中 5% 給莊家，10% 給代理人）。很多人一朝致富的心願都寄放在彩票上。只要時來運到，

中獎的人可以成為有錢人，從金山返回中國的鄉下，與家人共享榮華。他甚而可以成為家庭和鄉裏的善人。

華人社區尤其盛行賭番攤。錢幣或細小如鈕釦的東西用杯反過來蓋着，閒家下注，把 4 粒為一組逐組移走後餘下的數目。幾個華人合夥組織賭局，抽取賠注的部分為利。番攤是與莊家對賭，所以是非法的。由於反賭博法例在 1880 年代加強執行，在反華運動中，華人賭徒和賭館更成為針對的目標。

華人賭徒偶爾會遭到檢控。例如，1880 年，Ah Shung 被控在昃臣一間出租屋賭番攤。地區法庭對賭徒的刑罰可能會很重。一名因賭被罰 211 元的男子以坐牢 105 天代替罰款。三名因賭遭檢控的中國男子各被判入監一年。基於人身保護令，由於地區法庭已超越了權限，這些案件都移交州最高法院審理。1883 年 3 月，非立當警方嘗試查封當

博彩生意所用的印章　D. Zorbas

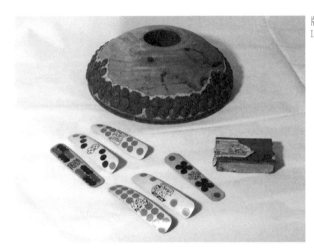

牌九、骰盅、鴉片盒
Laura Faye Mah

地的賭館，主要因為吸引了一些白人青年去。亦有人要求警方調查中國
人的煙窟。

　　爭執和衝突往往因指控在賭局詐騙和勢力競爭而爆發。報紙《艾奧
尼之聲》便在 1886 年 3 月 27 刊出了一篇報道，艾奧尼華埠發生打鬥，
起因是有關在賭牌九中欺詐的指控，最後演變成四邑會館和陽和會館兩
幫人的槍擊。傷者是四邑會館的 Ching Wo，是由他先指責對方欺詐的。
賭博以及帶來的影響已經成為阿瑪多爾郡和其他地方華埠的生活一部
分了。

　　中國人這種娛樂方式在美國人的心目中往往與放縱和不道德連結
起來，更加催生了反華運動。雖然白人與華人一樣經常光顧華埠的妓
院，但除了吸食鴉片和賭博外，娼妓也給算到「華人的罪狀」上。而在
中國人被逼離開之後，娼妓和賭博仍然存在於像昃臣等品流複雜的城鎮
多年。

# 華人慶典與移風易俗

## 慶典

　　雖然華人大部分都過着多勞少酬的生活，但仍然有慶祝的時刻。中國人有三大節日：農曆新年、端午節、中秋節。中國傳統曆法是以月球運轉來計算的陰曆，雖然仍然是一年 12 個月，但卻與西方奉行的陽曆不同。中國特別的節日都依陰曆（每個月有 29 至 30 天）訂定，例如中秋節是舊曆的第 8 個月的第 15 天，大約是陽曆 9 月中旬秋分滿月前後。

　　最重要和充滿喜氣的節日是農曆新年，因為是在陰曆新年的第一個新月，所以又叫春節，通常是在陽曆 1 月 21 日至 2 月 19 日之間；傳統上，慶祝活動長達十五天。節日標誌着希望，人們送舊迎新，祈願五福臨門。新年有諸多習俗和食品，都富有象徵意義。除夕和新年在中國是家庭團聚的日子，可惜對生活在加州與家鄉遠隔重洋的華僑來說，佳節只會令他們倍思親。華人社區組織或其他屬會便成為了他們的家的替代。

　　阿瑪多爾郡不同的華埠都以飲宴和喧天的爆竹來慶祝農曆新年。在非立當，1881 年 1 月 22 日的《阿瑪多爾分類》便有這樣的報道：「那班來自『天朝』的人 —— 為數可不少 —— 正為他們在下個星期六開始的新年作準備。他們儲存了大量雞隻等牲畜，預備用來祭祠。」非立當和其他地區的華人享用節日的特別食品，彼此恭賀，祝願大家吉祥、昌盛、長壽和幸福。店舖和家庭都以象徵吉祥幸運的紅色裝飾，處處驕紅。商人亦把糖果分發給鄰舍的兒童。

　　慶祝新年的其中一個方法是敲鑼打鼓以辟邪驅魔。多年來，新年
的爆竹聲都響徹阿瑪多爾郡的華埠。就算是沒有很多華人的普利茅斯，
在 1889 年 2 月也有這樣的報道：「這裏的中國人新年是一片熱鬧，徹夜
響遍爆竹花炮聲。」

　　另一個主要節日是農曆五月初五的端午節，時近夏至。節日與華
南地區祈求風調雨順、米稻豐收以及迎濤神有關。據說節日起源於紀
念公元前 3 世紀的愛國詩人屈原。屈原忠言勸諫君主，不被接納，反遭
流放，最後自沉汨羅江以表心跡。他的詩作《離騷》成為中國最偉大的
文學作品之一。為了紀念後人到江上尋覓他的屍體，衍生了龍舟競渡的
習俗。

　　遠離故土，阿瑪多爾郡的端午龍舟競渡採用了不同的形式。1880
年 7 月 24 日的《阿瑪多爾分類》這樣報道昃臣的端午節：[13]

　　　　昃臣的黃種人這星期舉行了一個慶典，是我們在這個郡第
　　　一次見到的。他們在大街的空地上生起幾堆火，又騰空 20 碼的
　　　地方讓舞蹈員可以活動。樂手終於上場了，他們所持的樂器包括
　　　所有中樂演奏中最突出的銅鑼。然後，主角出現了，他戴上一個
　　　大面具，裝扮成一條龍，龍尾由兩個中國人舞動。龍頭和龍尾擺
　　　動，一連兩晚，每晚一小時。這真是驚人體魄的表現，當結束的
　　　時候，表演者都已浴在汗水中。有一、二百名白人觀看了表演，
　　　他們都似乎對這班陌生人的古怪舉動很感興趣。

---

13　編者按，應為 1880 年 6 月 24 日。

舞獅所用的醒獅　D. Zorbas

這一場舞龍是充滿歡愉的，而對躲在龍身下面的舞者來說也是持久力的考驗，因為他們在震耳欲聾的音樂聲中要不停前後起伏的舞動。

這樣的中國慶典既吸引白人來看個究竟，也令他們大惑不解。在節日當中，附近地區的華人會到來加入，使參加者和旁觀者的數目驟然增加。

第三個重大節日是慶祝收成的中秋節，又大又圓的滿月是主角。節日通常在陽曆九月中旬左右，因為是慶祝圓月，所以又稱月節。人們在當天會享用水果——特別是像瓜和柚子之類的圓形水果，以及圓形的月餅，取意團圓，以回應月圓。在以農耕為主的阿瑪多爾郡，華裔居民會慶祝收成。對種植水果、蔬菜和穀米的本地人，這是一個歡慶的節日。

## 語言與數字

廣東話有九個聲調，很多字的發音相近，因而產生很多有關吉凶的

中國人在艾奧尼巡遊　阿瑪多爾郡檔案

相關語和文字遊戲，在這方面的講究亦成為中國文化的特色。例如蝙蝠的「蝠」字與「幸福」的「福」字同音，於是用蝙蝠的畫像或圖案來象徵幸福和幸運。同樣，「魚」與「餘」同音，於是農曆年畫上畫魚，而魚也成了新年餐桌上的食品；特別是鯉魚，更是必備之食，因為「鯉」音近「利」，可為來年祈求大利有餘。因為象徵意義，魚便成為很多裝飾、首飾和繪畫的題材。

　　這一種語帶相關的玩意從語言伸展到數目上，可以說是比西方更甚。中國數目是十進制，例如 1 是一橫劃，10 是用一橫一豎構成「十」，11 就是「十一」。由於數字亦有與其他字的語音相近，所以數字在中國人心目中又往往多了一重象徵意義。數字「三」使人聯想到「生命」和「生生不息」的「生」，所以很受歡迎；相反，「四」字音近「死」，所以要盡量避免。其他數字亦有吉利的意義，例如「八」使人聯想到「發達」和「發展」，而「九」隱含「長久」的意思，可代表長壽。

　　命理術數影響了華裔移民的生活安排。人生的重大事情都要擇良

辰吉日進行，例如結婚、安葬、開業等；而他們也要徵詢占卜師、通勝和生肖等作為指引。

## 神祇與廟宇

中國的宗教糅合了儒家、道教、佛教和地方民間信仰而成。不像西方，中國沒有像星期日那樣作為羣體崇拜或宗教儀式的特定日子，也沒有嚴密組織的宗教；因而對中國文化一無所知的西方人往往把華人移民標籤為「異教徒」。中國人沒有一神的觀念，但有很多神祇，包括阿彌陀佛的慈悲菩薩觀音、住在家居廚房守護灶台的灶君。每到農曆年終，家家戶戶都會舉行謝灶和送別灶君返回天上的儀式。其他的神祇各有不同屬性，例如朝記雜貨店三星畫像所繪代表福氣的福、代表榮祿的祿、代表長壽的壽。中國文化所喜歡採用的象徵手法亦見於三星的造像，每一個手上都拿着象徵某一意義的東西：卷軸代表財富冊錄、如意含意繁榮茂盛，而桃代表長壽昌旺。

華裔移民的宗教崇拜是一種很個人的行為，包括對祖先的拜祭以及向屬意的神祇祈求指引幫助。祭祠者會供奉水果鮮花，並燃燒香燭，認為裊裊上升的煙可直達天上的神祇或先人的亡靈。在中國，家中會設家族神龕，但對遠離家鄉的華裔移民，他們只能在店舖或社團組織內設置小小的神檯。華人亦在不同的社區建立廟宇。其中最常見的是關帝廟。關帝廟供奉三國時候以忠義著稱的將軍關羽。關羽的塑像一般都是赤臉黑髯，一派凜然正氣。就算是到了現代中國，他的塑像以及關帝廟都是到處可見。

昃臣的華人廟宇就在昃臣溪北岔的正南面，與石砌圍牆的「華人

昃臣的中國廟
阿瑪多爾郡檔案

墓園」毗鄰。兩個物業都是東華義所（Tung Wah Gee Shaw Company，
地契上的名稱為 Tung Wa Yee Chow Co.）所擁有，墳場和廟宇分別在
1876 年和 1878 年買入。東華義所是一間三藩市的聯營公司，可能是主
管營運廟宇和墳場。廟宇一般都是由富戶或慈善團體資助。昃臣廟可
以在 1890 年和 1898 年的 Sanborn Insurance 地圖上找到。後來的地圖
卻標示華人墳場在另一個地點，在商業區的東面，接近公眾墳場。很可
惜並沒有發現有關昃臣廟的相片或其他資料。不過 1878 年的資料稱該
廟宇為舊建築，可知應該是建於較早的數十年前。

　　另一座在昃臣的華人建築是一座華人廟堂。從相片可見，中文名字是「東華義所」，顯示是與殯葬有關的善堂。它是用作慈善用途，可能是為窮苦的礦工和工人籌辦安葬。它在 1879 年 8 月 7 日落成，同年致公堂在昃臣成立。這兩幢建築可能互有關連，因為從相片看來，兩座建築的外貌都相近。華人廟堂與昃臣廟在不同地點，地契亦不同，最早在 1870 年由 Ah Chin 代 Nun Fun 公司買入。那幅地很大，佔了華埠以北幾個地段。

　　從現僅存的一張相片可以見到在德賴敦附近一個名新芝加哥（New Chicago）的礦區有一座很美麗的中國廟。可惜除了這張相片以外，我們對這座廟一無所知。除非是在 1878 年新芝加哥成為礦區之前已經建

新芝加哥的中國廟　阿瑪多爾郡檔案

造好，否則這座廟是不大可能建立在那裏的。它的外貌與西北偏遠的威瓦維爾一座以大紅和濃金裝飾的中國廟相似。廟宇有三座殿堂，殿堂的壁龕擺放了男女天神的泥塑，殿中央放了長長的案桌給供奉者擺放給祖先或神祇的祭品。中國的廟宇雖然與店舖或家中的神壇有着一樣與先人或神祇溝通的功能，但卻講究得多。廟宇由廟祝打理，他也會收費給人占卜解籤。要維持一間廟宇，必須有富有的個人或慷慨的華人社區支持。德賴敦似乎無法做到這一點；要建立和維持這樣一間廟想必是得到全國各地的資助。

## 往生與來生，殯葬

「人生自古誰無死」，死亡是人生中最大的悲痛。自古以來，人類一直受人生何去何從的問題困擾着：「為甚麼要死？」、「人生有何意義？」、「死後何往？」、「既有今生，有來世嗎？」、「來世真是今生的因果報應嗎？」。不同的文化與宗教對這些問題都有不同的解答。

對中國人來説，生者在陽間，死者在陰間，而兩者互有關連。死者的亡魂可以影響生存的人。祖先必須得到後代的供奉尊敬。慎終追遠的子孫在世會得到安康富貴的回報；數典忘祖的則會招致禍害。死而被遺棄的人會成為「野鬼遊魂」，遊蕩於陰間，向陽間的人報復。這些野鬼包括沒有後代祭祠或死在異地遠離家鄉或生平做壞事的人。雖然不可以過分強調慎終追遠的觀念如何影響了中國人在世的道德操守，但事實是中國人認為死去的人是不可以被遺棄或忘懷的。

中國人的殯葬禮儀的重心就是要為死者鋪排舒適安樂的來世。死者得到食物、衣物、各樣物質（以冥鏹代替）和紙錢的供奉，都是安享

來世所需的物品。除了食物祭品會留在墓前，其餘的冥鏹都會在墳前焚燒以傳送到陰間。

　　每年有兩個拜祭先人的節日，一個是在公曆4月的清明節，另一個是農曆九月九日的重陽節（又叫重九）。在這些特別的日子，家人和朋友為先人掃墓，並且供奉食物果品和其他祭品。那些被遺忘的死者因無人祭祠，得不到食物，所以成為「餓鬼」。因而在農曆七月十五日為這些亡魂另立一個鬼節，又稱盂蘭節；相傳在那一天，遊魂野鬼從地府釋放出來到陽間覓食。華僑遵循這些傳統來打點死者的墓地。鄰近的親戚、宗族成員、同鄉朋友都齊集紀念他們已去世的同胞。

　　由於大部分的加州華僑都遠離了在中國的家鄉，所以要倚靠鄉里同胞安排喪禮、打理墓地，以及把骸骨運返中國家鄉安葬和得到家人的打理。這方面的工作便由社區組織和所屬會館代替家人來做。

　　在美國的華人喪禮是鼓樂喧天的，在出殯行列中有樂師以鑼鼓奏出粗腔橫耳的音樂，伴隨着爆竹以驅鬼辟邪。白色穿孔的紙錢撒落街上以迷惑或收買惡鬼，使他們不會騷擾安葬的地點。報紙上便有一段關於1863年4月在沙加緬度舉行的華人葬禮的描寫：

　　　　昨天舉行了一個中國人的葬禮，死者是I街一間公寓業主Ah Cheow。葬禮開始之前，先有一席專為餓鬼而設的盛筵，食物鋪陳在屋子前面的桌子上。中間最突出的是一隻燒豬，旁邊還有燒雞和伴菜。死者的遺體由靈車運載往墳場，後面跟着一輛篷車，載了上述物品和幾名中國婦女；她們作為主要的親屬，沿途把一些有記號的紙撒在街上；作用為何，我們並不清楚。[《沙

加緬度聯合日報》1863 年 4 月 4 日 ]

　　在三藩市和沙加緬度之類的城市，華人社區中的有錢人或傑出人士（通常是商人）的喪禮都是很鋪張的，手持紙幡、旗幟、紙燈籠的人們列隊；靈柩安放在篷車上，馬匹拉着篷車載着食物、鮮花、香燭、冥鏹和陪葬品；還有受僱哭喪的人在木棺的四周嚎啕大哭。傳統上，出殯行列會繞華埠三周，表示死者告別社區和親朋。通常在阿瑪多爾郡的葬禮會較簡約，因為那裏的華人社區沒有很多有錢人。

　　阿瑪多爾郡的中國人有自己的墳場，與白人的分別開來；這可能是他們自己的要求，因為骸骨隔一段日子會再進行拾骨葬。晃臣已知最少有三個華人墳場：一個在晃臣門（Jackson Gate）、一個在中晃臣（現在為晃臣市保養場所覆蓋）鄰近基督教墳場（Protestant cemetery），以及一個在南晃臣 Gordon Hill 靠 South Street 的西面。至於在艾奧尼、

原址從前為中國墳場　本書作者

德賴敦和火山區去世的人，則暫時安葬在就近華埠的墳場，等候有朝一天可運返中國，在家鄉入土為安。我們只有在非立當墓園找到了重要的文獻記錄而且翻譯了為英文，使我們可以清楚了解到有關殯葬的風俗、祭祠以及華人社區對逝世的同胞所給予的支持。

# 非立當的華人墓園：一個社區的縮影

## 非立當的華人墓園

　　非立當的華人墓園位於大街西面，在從德賴敦進入非立當的舊入口石英山路（Quartz Mountain Road）的南面約 1/4 哩。在加州及其他地方的華人墓園通常都是按照風水堪輿來選址，這是在中國廣泛流行的選擇吉利位置的方法。環境佈局 —— 特別是山水木石，都是找尋安葬地點的依據。最理想的位置是背靠山丘，保護主體不怕有風從背後吹襲。

　　非立當的華人墓園處於一個面向東面的山丘森林之中，背面有一座較大的山。根據一名曾經在兒時見過那些墳墓的非立當居民所說，死者給埋葬在山坡上。墳場今天已經沒有留下任何痕跡。骸骨早已遷移了，現在那裏是屬於阿瑪多爾郡的一個化糞池過濾場。

　　墳場對非立當的華人社區意義尤其重大；在朝記雜貨店發現的三本中文冊錄可以為佐證，這三本書分別為：《同治九年捐簽建立咪臣進支簿》、《重修墳墓勸捐緣簿》，以及《先友時辰簿》（*The Cemetery Record Book, Donation Records for Restoration of our Cemetery, Fiddletown Burial Book*）。這三本冊錄反映了當日的社區，包括在生和已去世的人，我們將在另一章裏再述。

## 墓園記錄簿

　　有關非立當華人墓園的歷史見載於簡稱為《咪臣》的《建立咪臣進支簿》，裏面記錄了公墓從 1870-1904 年有關捐獻、維修以及開支的資

料。[14] 這本記錄簿記載了捐獻者的籍貫、婦女的貢獻，以及與其他社區的關係。從這本記錄簿亦反映非立當的華人社區在 19 世紀過渡到 20 世紀這段時期，其實比美國人口統計所顯示的更活躍。

1870 年，非立當華人社區為籌建公墓而舉行募捐活動。每一項收支都詳細列明。墓地的買入價是 60 元（若以 2013 年估算，約為 1,100 元）。建築期間，木工、石匠和其他的建築工人薪金是 65.2 元。甚至細碎如木板和釘子的開支亦有記賬。雖然沒有任何遺跡，但可推斷必定設有神壇並且有安放香燭祭品的神檯，因為每年都有香燭開支的記賬。神壇可能是用大理石建造的，因為在非立當與普利茅斯之間就有一個大理石礦場。神壇內應該有化寶爐，通常是磚或石製，用來焚燒冥鏹。在墓地上的墓碑用石或木或大理石建造，寫上或刻上死者的籍貫和生卒年月日。

1870 年的捐獻者名單讓我們了解華人社區的富人身份和財富比較。當時，捐款人的名字都會冠以他們的中國籍貫，再一次說明家鄉對移民身份認同的重要。最多捐款人來自三邑：90 人來自番禺，69 人來自順德，10 人來自南海。他們總共捐了 215 元。其他的捐款人來自台山（43 人）和現在稱為中山的香山（17 人）。

尤其值得注意的，有 33 名女捐款人給分別列出，登記在另外幾頁上。勝彩（Sing Choy）（富記的夥伴）和細彩（朝記的妻子）都在捐獻者之列，此外還有多名妓女。雖然她們的捐款並不多，但她們有可支配的

---

14　《建立咪臣進支簿》由吳瑞卿博士翻譯成英文。吳博士在其他資料上亦發現「咪臣」。「咪臣」一詞常用於泛指「墳場」，例如三藩市安葬華裔移民的孤山公墓（Mountain cemetery）。

收入並可自主捐獻給公墓，卻是很重要的事實。包括妓女在內的婦女都成為社區的一分子。

1870 年，229 人總共捐了 317.75 元來建立華人墓園，整個華人社區不分籍貫都參與捐獻。扣除了建築費之後的餘款交由兩間雜貨店——富記和利記（Lee Kee），以及兩名信託人梁耀泰（Leung Yiu Tai）和楊才光（Yeung Choy Gwong）保管。當有需要支出的時候，例如買香燭和繳交物業稅，所有項目都巨細無遺地記錄在案。一切收支都登記在《建立咪臣進支簿》上。這些記錄可以證明華裔移民在理財方面是多麼精明。

還有幾次為了公墓的維修和雜費而舉行的籌募活動，分別在 1879 年、1880 年、1891 年和 1903 年。因為受到這幾年間華裔人口下降影響，捐款人和捐款都逐次減少。捐款人亦不再以籍貫來分別。原因可能是當華僑留在鎮上的日子愈長，他們的出生地便愈來愈不重要。從 1890 年起，對公墓的捐助除了來自非立當的華人外，也有來自其他社區——包括昃臣和一些無名小鎮的華僑。這說明非立當的華人社區一直有聯繫其他華埠的人。這些小鎮的華裔居民較少，非立當的華人墓園的使用量和重要性便因而增加了。

## 華人互助社

《同治九年捐簽建立咪臣進支簿》記錄了另一個重要的功能，就是銀行性質的運作。非立當的華人社區以一種非正式的標會來營運自己的銀行或儲蓄互助社，與在華南地區常見的方式類似。這本進支簿記錄了有關的交易，作為公墓的其中一部分營運活動。供會的參加者包括

非立當的婦女，他們互相認識亦互相信任，每人湊集些錢，形成一筆公款，存放在一間商店。任何有急需的人，不論男女，都可以要求公款借貸，而以能付得起最高利息者標得。從 1883 年到 1886 年，供會總收入為 230 元（約為 5,350 元）另加 14 元利息。

　　非立當的商人作為會款的主要監護人和借貸人，在供會的運作上扮演着重要的角色。在 1870 年代和 1880 年代間，富記經由他的雜貨店保管和支付會銀，是供會的關鍵人物。朝記和他的雜貨店從 1880 年代中至 20 世紀首十年接手負責。小額會銀亦曾於 1903 年存放於昇和（Sing Wo）雜貨店。很明顯都是因為商人在非立當華埠有崇高的地位和受人信賴。

　　《建立咪臣進支簿》是很難得的發現，因為它記錄了非立當華人社區的運作模式。社區內的每一分子 —— 包括婦女，在經濟上互相幫助，不單齊心合力籌建和維持公墓，並且齊集公款預備借貸給需要資金週轉的人。從這一方面看，華人社區在經濟上可以說是自立的。

第四章

朝記雜貨店

# 朝記，亦商亦賭

　　商人朝記（Chew Kee，英文又作 Chao Ji）在非立當的歷史上可以說是舉足輕重，不單是因為他在名下的雜貨店中保留了大量物品、書籍和文獻，還因為他對華人社區的影響。他既是賭徒，也是一名生意人，他的闊綽可能是使他的經濟陷入困境的原因之一。

　　朝記來自廣東三邑的番禺，那裏出了很多商人。1857 年，他移居加州，正值 20 歲。雖然後來別人都以他的雜貨店的名字「朝記」（「記」表示商號）來稱呼他，他其實姓顏，名朝（Yen Chao Ji）。他還有其他的名字，日常用的 "Gun Chew" 以及字 "Bak Hung"。

　　顏朝的名字見於 1870 年非立當華人墓園的捐款人名錄上，但要到 1880 年代，他才開始為人所知。當時他 43 歲，妻子細彩 34 歲。細彩在 1863 年到達加州，她當時只有 17 歲。他們在九年之後，即 1872 年結婚。這些關於他們的資料都是從 1900 年美國人口普查的記錄上找到的。在較早的 1870 年人口普查記錄中登錄了一名同齡叫細彩的女子，

說她與兩名婦女同住「當家」。這些女人可能是妓女。娼妓嫁給中國男人並非不尋常，尤其當時的加州華裔是男多女少。

朝記店堂　D. Zorbas

## 賭博

　　顏朝和細彩在經營草藥店之前的生活是怎樣的，我們並不知道。翻查 1880 年的人口普查記錄，上面登錄了一對與他們年紀吻合的夫婦——經營賭館的 Ah Chu 和妻子 Sarah。在顏朝的草藥店對面是一間賭館，東主是 Yee Fung[15]；而草藥店與賭館之間是頗多交往的。如果說 Yee Fung 因為忙於打理他在沙加緬度和維珍尼亞城的其他業務，因而把他的賭館和雜貨店轉讓給朝記，也是合乎情理的。

　　還有，朝記是賭館五名股東之一。賭館叫「福泰廠」（Fook Tai Chong）[16]，而賬簿是從「1884 年吉日」開始記賬的。上面登記了股東共合股 700 元，相當於今天接近 16,000 元。顏朝與其他兩人買入約 100 元的股份（按 2013 年市值為 2,273 元）。馮睨（又名馮晃）Fung Fong（稍後會提及他）和張考（Cheung How Cheung）每人持有價值 200 元的股份。在朝記雜貨店找到在 1884 開店第一年的賬簿上，條列了賭館每天日間和夜間的收入。很明顯，朝記在經營該賭館。

　　顧客可以在朝記雜貨店買到所需的賭具。雜貨店內有一本《三國演義》，裏面暗藏了字花的字；另外還有紙牌、麻將、占卜卡、牌九等。

　　雜貨店具備買賣白鴿票所需要的所有東西。店內有刻了不同字的木印，用來印製白鴿票。還有一些印章是用來記賬以及登記各代理和分銷的賣票記錄。阿瑪多爾郡其他城鎮的華裔居民也很有可能來買白鴿票，而與非立當的居民一樣，都殷切期盼着福泰廠開彩的消息。

---

15　譯者按，當為本書前面提到的余氏中醫師。

16　譯者按，廣東傳統經營字花或白鴿票的賭館稱為廠，美國華人沿用。

## 商人和商品

當朝記在 1884 年接手經營草藥店時，他把店舖改成雜貨店，但仍然賣藥。在他手上，店裏原本的藥材抽屜、神龕、筐籃、處方包以及其他 Yee Fung Cheung 醫師的物件都保留在店內做買賣的地方。他仍然為顧客配草藥和其他藥，其中包括從中國入口的成藥、美國的專利藥，以及用美國玻璃瓶盛載的混合藥水。有治療瘧疾、頭痛、肌肉瘀傷、眼疾、腹瀉、動物傳染病等的藥；鶴骨粉用來治理刀傷，煙灰據說可治理跌打瘀傷。在雜貨店亦可買到鴉片，也有以中文寫成的戒鴉片藥方。

身為生意人，朝記當然希望生意興隆。在櫃檯後面的大櫃抽屜上貼了些吉祥字句：「馬到功成」（Keep working hard, going to win）、「財源廣進」（Open up future, big fortune）、「客似雲來」（River never stops, keep customers coming）。朝記從斯托克頓和三藩市的中國商店訂貨和食品。他拓闊了出售的貨品種類，包括了雪茄、煙、啤酒、中國酒、威士忌、醃肉、醃魚、蔬菜、茶、鴉片和煙槍。店內的存貨包括了爆竹、鏡子、墨水和書寫工具、梳和書籍。從中國入口的米、薏米和木薯都盛在棕色瓷缸內。

朝記能讀寫，在大部分華裔移民都是文盲的農夫當中，算是少數。他的店成為華僑的通訊收發中心，顧客到來收取從中國家鄉寄來的通訊，他亦幫助他們寫信回覆。用來安放信件的金屬信插今天仍保留在店內。很多時候，信件都有上款和下款。店內還有很多中文書，包括占卜書、面相書、治療雜症的藥方、一本藥典、一套勸人從善免受報應的書、一本商業尺牘示例。朝記亦出售通勝，裏面包含了占星、解夢、儒家哲理、命理等。這一本通勝幫助顧客選擇吉日良辰行事，例如開業

或嫁娶。

朝記亦留意中國和美國發生的大事，他從三藩市訂閱好幾份中文報紙，包括《中國新聞自由》(*The Chinese Free Press*)、《華人世界》(*Chinese World*) 以及《每周西方》(*The Weekly Occidental*)。十九世紀末，中國正處於動亂當中，面對鼓吹革新與保守傳統之間的矛盾，還加上民族主義的興起。1900 年，反西方的義和團襲擊外國人和基督教傳教士，得到滿清政府的支持，卻觸發了八國聯軍 20,000 士兵入侵，對中國造成大災難。一張報道這次衝突的中文報紙今天仍然張貼在朝記雜貨店內。

朝記雜貨店也是非立當華裔居民的一個聚腳點。到來的訪客孤身在海外，可以高談闊論在太平洋另一端所發生的種種。他們可以暢談對家鄉生活與家庭的回憶，放開懷抱，吸食鴉片，笑談賭局勝敗，然後一起大飲大嚼。

## 家庭

朝記 49 歲那年，細彩 40 歲，他們受託照顧一個小男孩。男孩的父母也住在非立當，他們要返回在中國的家鄉，卻不能帶孩子同行。他們很可能與朝記是同鄉。假如彼此並非親戚關係，也一定是很要好的朋友，所以才能信任把寶貝兒子交予照顧。他們稱細彩為「契娘」。朝記和細彩無兒無女，正樂意收養男孩。他的名字叫馮秋有。他們在寢室的板牀旁邊加了一張幼兒牀。秋有成為他們的養子，他們視為己出，後來更正式收養。

由於朝記結了婚，又添了一個兒子，所以在 1890 年代在雜貨店用

有兒童牀的睡房
D. Zorbas

擴建的廚房　D. Zorbas

來分隔舖面的鐵門外用木加建了一角，在厚實的土磚牆旁造成一個房間，為舉炊和洗濯之用。房間的牆、地板、水槽、櫥櫃全都是用手工把木板和木盒粗削而成。

當孩子逐漸長大，需要擴大家居空間，於是又用木加建了一部分，用作第二個廚房、起居室和可以讓秋有睡覺的第二個寢室；又有門通往外面的棚屋。因為有了這些改變，細彩在第一個廚房購置了一個鐵烤爐，又在第二個廚房安裝了一個灶鑊，用來預備傳統的中國菜，既為健康營養，更為交誼。她也會在室外的棚屋煮食，那裏有一個很大的鑊，可以預備大夥人的食物。這也是雜貨店成為當地華人社交場合的一個證明。

## 財務困境

朝記取代富記在華人社區的領導地位。他受社區信託保管儲蓄，他的雜貨店又幫助為不同的慈善活動募捐。他本人也經常捐獻。在營商方面，華裔的同行都稱他為「大寶號」，以敬重他在行中的地位。

朝記的財務困境始於他接管了本來屬於富記的物業。1887 年，他以富記的三個物業向一名當地農場主 Frank Uhlinger 借貸 200 元。

兩年半之後，他向非立當商人利記和合夥人 Ah Sing 借了 400 元。這一次借貸牽涉抵押了更多物業——富記物業、「面向大街名為朝記雜貨店的夯土屋連棚屋」、以及附近一塊土地和建築的三分之一——該物業本來是中醫師 Yee Fung 所有，後來向 Ah Gin 買入的。該筆貸款期限是六個月，每個月利息一分。從 1893 年朝記所要求的一份文件中可知這筆借貸最後是清還了。

上述所有物業當時都已抵押給出生於德國的農場主 George Barge，他在 1894 年 3 月借了 200 元給朝記。該文件註明朝記雜貨店屬於以前由 E. C. Simpson 所擁有的一塊大地皮的一部分（很多年之後才發現，雜貨店其實從來沒有獨立的業權）。

財務狀況繼續惡化。朝記是一個慷慨的人，甚至可能是過分慷慨。在雜貨店內可以找到很多借條，好像在七個煙盒中的一個有一張字條：「另日清賬」。還有一些用中文寫給顧客的單據：「多謝光顧，提取尚未付款貨品」，顯示貨物是以賒賬形式出售。朝記可能是對顧客太寬厚，成為他負債的另一個原因。他的財務崩潰到一個地步，三藩市的 Ratto's 收賬公司在 1890 年代給了他一封沒有註明日期的中文信。

謹知會閣下，我方曾於日前奉函討收 120 元欠款，唯至今尚未見覆示。未知何故？謹再致函，敦請見字後即付款。如再有任何延誤，我方將要求公證員鎖封閣下之物業。欠款務必全數償還。幸勿謂未及早通知。 請於本月廿八日前覆示。任何推延將不利於閣下。

是陷於絕境吧，朝記在 1896 年 12 月 23 日把雜貨店以 200 金元出售予 Man Lung & Co.。他的全部存貨都轉讓給 Man Lung，包括「我的雜貨店和營商的全部貨物、商品、買賣和設置都甘願毫無保留。還加上一匹馬、馬具及一輛馬車。」

用物業抵押給 George Barge 的借貸仍未償還，朝記無法清還欠款，他的物業在 1898 年給公開拍賣。8 月 6 日，Barge 以 390 元買入他幾

幅地，並在 1899 年 2 月取得業權。四年之後，朝記把富記在大街南面的物業賣給郵政局長 William "Billie" Brown，他也是附近的鍛鐵舖東主和屋主。

## 踏入二十世紀

雖然如此，在 20 世紀初，朝記仍然留在原舖居住和做生意，可能是為 Man Lung Company 工作。他向沙加緬度和三藩市的商號進貨食物和其他商品，保持着與其他城市的聯繫。

1900 年，朝記收到他的兄長 Ngan Chow Sing（Ngan Bing Sun）從中國寄來的信，要求他返回中國，或至少寄一點錢回去。信中寫道：「至親吾弟，一別四十四年，其間少有匯款家鄉，亦罕見家書。是樂而遺忘

處於窮鄉之雙親高墳歟？」兄弟二人分隔了超過一個世代；朝記已經在加州的非立當安定下來，再無意返回中國。雖然他負債，但金山能使他過着較好的日子。

　　這個時候，中國正經歷翻天覆地的改變。從 1644 年開始統治中國的滿清政府已經衰弱不堪，遲來的改革亦無法阻擋革命的浪潮。1911年，革命派控制了中國南方和西方，脫離了王朝獨立。為了宣揚這件大事，朝記在雜貨店門前張貼了一張 1911 年歡呼中國革命成功的中文報紙。1912 年 2 月，中國新成立共和國，由多年來在加州爭取華人支持的孫逸仙博士（孫中山先生）領導。

　　朝記繼續營商直至 1912 年。當其他商人陸續離開非立當或離世，他便成為他們的物業託管人，其中包括對街的 Sing Wo，以及在東面隔了兩幅地部分屬於 Yee Fung 的物業。他的妻子細彩在幾年前已經去世。在他 76 歲的時候，他「帶着摯愛與親情」，把這些物業連同朝記雜貨店和賭館轉歸養子馮秋有。一個月之後，即 1913 年 7 月 18 日，朝記離世，葬於非立當的華人墓園。

致馮秋有函經朝記轉　　朝記

# 從馮秋有到占美・秋

　　朝記和妻子細彩所收養的孩子馮秋有於 1885 年 10 月 27 日在非立當出生，正是華埠遭縱火焚燬後一年。他名秋有，表示他在秋天出世。

　　秋有的生父母是非立當居民。父親馮覸是福泰廠賭館五名股東之一，也是華人墓園的捐助人。

　　幾名非立當的長期居民在一份 1902 年的文件中宣誓認識秋有的父母，說明「他們在男孩出生後不久便離開美國，把男孩交由一位中國商人朝記撫養和看管」。[17] 秋有後來知道他的生父放棄了在金山踫運氣的念頭先隻身返回中國，其後，他的生母也回去了，把第一胎的大兒子留下給契娘細彩。

　　馮氏夫婦返回的家鄉竹寮村 Zhu Liao（Jook Liu Tsuen）在三邑的番禺，而朝記也是番禺人氏。父母竟然肯把自己幼小的兒子留下來，確實令人費解。多年以後，秋有聲稱這是因為當時他太羸弱，無法遠行回中國。不過，由於他是在美國本土出生，當大部分中國人被拒進入美國的時候，他卻有合法的美國居留權。兒子留在美國，就業前景會較好，也就有較優越的條件可以支援在中國的家人。

　　1892 年的基瑞法案（Geary Act）要求所有華人居民必須登記和獲得居住證明；這是其他族裔無須的。朝記趕及在已延長的限期前辦理手續。1884 年 5 月，他為自己和養子取得了居民證。他給歸類為商人，

---

17　該文件很可能是朝記正式收養秋有的證明。簽署者為居民 Christopher Schallhorn、J.H. Campbell、H. Bradigan、E.R. Yates 以及 John Votaw。

長着辮子的馮秋有
阿瑪多爾郡檔案

是排華法通過和延長以來受認可的身份。當時 8 歲（與 1885 年的出生日期有一年誤差）的馮秋有給確認為「商人兒子」和「非勞工在本地出生的兒子」。

## 在非立當長大

秋有受養父母撫養，在中華文化的氛圍中長大。在朝記雜貨店和家裏，從中醫師的物品到朝記的貨品，他耳濡目染着中國人的生活習慣。每年會張燈結綵和有賀年食品來慶祝農曆新年，平日會在家中的神龕向神靈祖先獻祭，而到雜貨店來的顧客多數是中國人，家中說的是廣東話。儘管中文不易學，他的養父教他讀寫中文，使他可以在雜貨店幫

忙。到他長大了，應該可以協助朝記記貨、處理庫存和做買賣。

在他 72 歲那年接受生平唯一的訪問中，他對非立當有這樣的憶述：「我還記得小時候的事。在對街有一座賭館，樓上有些歌女。在華埠到處可以聽到中國音樂，當時真是一片熱鬧。這裏住了成千的華人⋯⋯那些會騎馬的中國人從賭館出來，帶着彩票飛躍上馬，直奔普利茅斯和德賴敦。非立當真是包羅萬有。」當時的華人數目不如秋有形容的那麼多，但正好說明在他心目中覺得受華人社區所包圍着。他所說賭館樓上的歌女很可能是以音樂娛賓的妓女。

馮秋有居留證　阿瑪多爾郡檔案

學校功課 阿瑪多爾郡檔案

　　那個年代，非立當（又名奧利塔）是一個只有 300 人的村落。它的商業中心主要在城中説英語的地區，就在大街的華埠東面。中國居民也會光顧那裏的商店，而他們之中——包括朝記和細彩，也有人會説一點英文。

　　小男孩秋有要適應當地的生活方式和那種礦工粗獷文化。 秋有與鎮上其他小孩一樣到非立當只有一個教室的學校（那時叫奧利塔學校）上學，學習閲讀和書寫英文。他的數學特別好。他的別名「占美」（Jimmie）很可能是由那裏開始的。他保留着清朝傳統的薙髮留辮。這

特別的髮式加上亞洲人的面孔，又是學校裏的唯一中國人，使他顯得突出。最初，他受到本地男孩的欺凌，於是以拳頭作出反擊，結果沒有人再敢欺負他，並贏得「占美・科比特・秋」（Jimmie Corbett Chow）的稱號；科比特是著名的重量級拳手。他個子雖然細小，卻是好強精悍。

秋有到了 13 歲仍在上學，但與鎮上很多小孩一樣，由於經濟原因和缺乏交通工具到塞特溪上高中，他最多只是唸到八年級便輟學了。他與鎮上的其他男孩子結伴，他們一起到附近的內華達山林釣魚和打獵，接觸野外的生活。他又與一個中國商人的女兒 Yee 結為終生朋友。Yee 大秋有幾歲，也是在非立當長大。

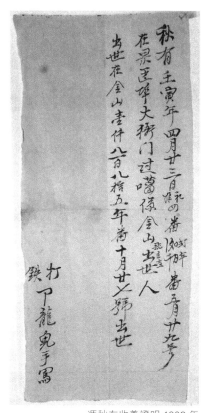

馮秋有收養證明 1902 年
阿瑪多爾郡檔案

當秋有到了 17 歲，他正式過繼給朝記。由於私隱原因，我們無法見到正式的收養法律文件，但在朝記雜貨店找到一份由跌打醫師衛龍兒（Wai Lung Yee（Wei Long Er））用毛筆書寫的中文文本。文本上說明「秋有壬寅年四月廿三日，禮拜四，番一千九百零二年，番五月廿九號，在昃臣埠大衛門過噶，係金山非立當出世人。出世在金山，

一千八百八十五年，番十月廿七號出世。」

## 來自中國的家書

秋有在約 20 歲的時候開始接到從中國寄來的家書。他會覺得詫異抑或朝記和細彩一直有向他提及他親生父母的事呢？他會接受來自中國的聯繫嗎？是朝記幫助他閱讀和認識信中的中國字嗎？

信件是經由中介人傳來的，因為美國人看不懂中文信件，所以傳遞方法是非常轉接。信件由秋有在廣東省的家鄉竹寮村寄出。秋有的父親馮覬是一名農夫；由於大部分中國農村的人都是文盲，信很可能在廣州找人代書，然後帶去香港，再船運到三藩市。到達三藩市後，再經由商店與個人之間的輾轉傳遞，直至交到收信人手上。信封通常是用英文和中文寫上收信商舖的名稱。以馮覬的多封信為例，信是寄到斯托克頓的 George West & Sons，然後轉交 Jow Moke。Jow Moke 太太就是秋有在非立當的兒時朋友 Yee。兩家人有着某種聯繫，可能是在番禺的近鄉鄰里。多年來，秋有與 Yee 以英文通訊。

秋有接到由父親馮覬寄來的第一封家書，信中解釋他是從鄉里馮昭那裏得悉秋有已經超過 20 歲了。「我特意寫這封信，要求秋有你返回在中國的故鄉，不要再留在異國。因此，我請楊升（Yeung Sing）探望你，並敦促你回到中國的家。附帶告訴你，你還有一個弟弟叫彬姚。」值得留意的是馮覬並非透過朝記得知秋有的消息，也不是託朝記轉交信件。朝記撫養秋有，視如己出，可能心裏並不想他與親生家庭團聚。

秋有的弟弟在 1906 年與父親差不多同時給秋有寫信，信中述説在中國的家中狀況。秋有知道他有四姊弟——除了弟弟彬姚，還有 40 歲

的姊姊、22 歲的弟弟和 18 歲的妹妹。（中國人計算年歲與西方不同，嬰兒出生算為一歲，過了農曆年又算大一歲。這是所謂虛齡，與實際年歲不同。秋有與彬姚的年紀相差無幾，很可能是同父異母，因為馮眈是有兩位太太的。）這個時候，馮眈 70 歲而秋有的母親 44 歲。因為秋有的姊姊與母親的年齡接近，顯然馮眈是在加州娶了較年輕的第二任妻子。秋有出生的時候，馮眈是 49 歲而妻子 22 歲。除此之外，我們再找不到有關馮眈第一任妻子和第二任妻子──即是秋有母親的資料。

秋有已經是成人，家中不停催逼他匯錢和還鄉。他作為家中的長子，肩負着中國文化所重視盡孝的責任；幫忙支撐家庭是天經地義的事。他的父親馮眈以父親威嚴的口吻寫信給他，敦促他返回中國找配偶。婚姻使家庭得以延續，如果能生得男孩便可繼後香燈。彬姚將要結婚，假如秋有不回中國結婚的話，家中預留給秋有婚禮的錢將會撥給弟弟的婚禮。

秋有為家努力工作儲錢，家鄉的人無疑一定以為在美國是人人有錢的。根據 1910 年的人口普查記錄，秋有是農場工人，收入微薄。有好幾年，他與幾個華僑合夥住在大街的一間屋裏。其後，他獨自住在非立當的另一個地方，很可能是就近他工作的農場。他的養母細彩已在前幾年去世，而 73 歲的鰥夫朝記獨居於雜貨店。

從在朝記雜貨店找到的收據和通訊看到，秋有是一名盡責的兒子，他定期給在中國的家寄錢。錢是以金幣經由楊升和其他中介人重重轉遞寄回去的。1906 年和 1907 年，他經由斯托克頓一個保皇的組織把「保護費」匯返他父母的家鄉。當時正值中國爆發反清革命，在美國的華人團體關注時局，甚至想構成影響力，而當時他們是支持帝國政權

的。在朝記雜貨店便找到秋有捐獻的三張收據。

彬姚從廣州寄來一封沒有日期的信，經由三藩市的新同和洋行轉達朝記雜貨店，道出家中的經濟困境已日趨惡化。

> 我在 2 月 4 日從國外收到一個一元金幣，重 2.2 兩（一廣東銀兩重 37.5 克或 1.2 安士）。金幣與書信一併收到，我把金幣順利兌換了。父親與弟弟在農場艱辛工作，再沒有其他生計。父親日漸老邁，已無法外出尋覓工作，家中的經濟環境是空前惡劣，難以應付日常的開支。請考慮一旦達成儲蓄目標便立即回家，不要再在外作不必要的逗留。假如你不打算在近期回家，請緊記必須繼續寄錢回家以救經濟所需。

這些年以來，秋有已經收過好幾封相類似的信（都是用中文寫的），分別由彬姚、姊姊和他的父親寫的。1908 年，馮覘回覆從中介人楊升那裏收到另一個一元金幣。「金幣收到，但我想你在海外賺錢是不容易。你要好好照顧自己的健康，但最好還是早日回家。這是為父的願望……我想你的年紀已不少，重要的是快點回家娶妻。假如你不回來，也要給家裏寄錢……」

1912 年，弟弟彬姚一心為國，參與國內的革命，無視軍餉微薄，投身軍隊。家中仍需要金錢的支援。革命兩年之後，秋有款待到訪非立當籌募經費改革中國的黃伯耀（Wong Bok Yue），黃也是三藩市報紙《少年中國日報》（*Young China*）的創辦人之一。他的到來顯示鎮上和四周的華人社區仍然支持和同情中國革命的共和國理念。

　　秋有收到朋友 Bing Su Yut Ming 在 1914 年 4 月 17 日從三藩市寄出的英文短信。這位朋友說他會在第二天乘坐汽船回中國，而他也敦促秋有「儘可能早日回中國」。幾個月之後，秋有收到弟弟的信哀求他多寄一些錢。這封信是 1914 年 11 月 16 日從香港寄出的。

　　　鴻雁音沓。思念之情，難以忘懷。時光雖逝，相信你能健康安好，此亦我在遠方的祝願。國內生活艱苦，你應能明白。我當苦工以求生計，但並非長工，有時曠工，則情況更差。兒子已於 5 月 27 日出世，更添家庭開支。更甚者，我已賦閒數月，因為無工可做，生活更為逼人。

　　　鄉中習俗，男丁出生有點燈儀式，需要數十元錢舉辦。因我失業而行禮之日臨近，要籌得款項實不容易。且村民冷淡，欲借無門。無計可施，唯厚顏相問，念弟之困難，盡早寄錢回家以救涸轍之鮒。當感激萬分。

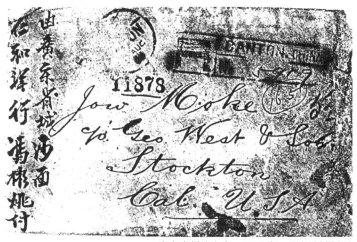

寄自廣州的家書　1908 年　族裔研究圖書館

　　信的結尾又是如常的央求秋
有回家，否則便兌匯或經由朋友
帶一些錢回去。

　　國家檔案局裏有關移民與客
運船隻的記錄都找不到有關秋有
曾經回中國省親的證據；而且，
在他唯一一次接受的訪問中，他
說從沒有去過中國。儘管家人的
苦況一定深深的觸動他，但要安
排一次旅程所費不菲，他是難以
負擔的。家人對他抱有很大的期
望，對他來說，把他在非立當賺
到的錢寄回去，總比要在中國掙
扎求存好。從中國寄來的家書很
清楚的說明在家鄉生活是更辛苦
的。

在香港拍的照片——相中人可能是馮彬姚
阿瑪多爾郡檔案

## 成為占美・秋

現在他叫占美・秋。[18] 他已經 30 歲，長得結實強壯，可以幹粗活。他沒有聽從父親的催促回中國娶妻。加州未婚的女子很少，所以他與很多留在美國的中國男子一樣終生未娶。他以友情彌補沒有女伴的不足。他在非立當有很多好朋友，他們都歡迎他到家中作客。他其中一個最要好的朋友是當地人 Bob Lawrence。他們成為終生的好友。

與非立當很多居民一樣，秋有憑着雙手闖活，他可以在非立當和附近找到工作。1915 年，他受僱於鐵匠 Joseph Pigeon，在他的工場當助手，工場就在朝記雜貨店的南面。他在那裏學懂製造車輪，包括鍛熱鐵圈安裝在篷車輪上；他也學了如何釘馬蹄鐵 —— 當時在那鄉郊地區，騎馬仍是常用的交通工具。當年或更早，他已經把辮子剪掉。自辛亥革命之後，中國人再不用遵從穿滿清的服飾。不過秋有終其一生仍然把辮子留着，收藏在牀墊下面。現正在朝記雜貨店展覽陳列。

更多家書陸續寄來。他的父親已經 80 歲，寫信來說離開家鄉外出找工作的弟弟彬姚抱病，但卻因為沒有錢，不能接他回家。幾年之後，彬姚來信說父親已於三年前去世，還說妹妹已結婚。所有錢都用光了，全家在捱窮。在信的開頭條列了他們所收到秋有所寄的錢，然後要求多一些，使他們可以過活。

秋有對家人是慷慨的。長期以來，他寄回去超過 100 元，很多時候是一次 20 或 50 元。以幣值計算，1915 年的 20 元價值超過現在的 400

---

18　譯者按：占美・秋，英文 Jimmie Chow；本來 Chow 是指秋有，但美國人以為 Chow 是姓，便叫他 Jimmie Chow。

元，而 50 元超過 1,000 元 —— 以一個勞工的薪金來説，秋有是作出了
很大的犧牲。秋有保存着從中國寄來的家書，但他始終與他們的麻煩保
持着距離。

馮秋有與友人 Bob Lawrence　約 1920 年　阿瑪多爾郡檔案

Joe Pigeon, Bob Lawrence, 馮秋有　朝記

第五章

世紀終結

# 華人遷離阿瑪多爾郡

多年來加州立法對華裔居民和工人的逼迫和歧視造成長遠的影響。全州的華裔人口從 1880 年高峰的 75,132 人慢慢下降至 1890 年的 72,472 人，然後驟降至 1900 年的 45,753 人。很多人返回中國或從小鎮逃往三藩市和沙加緬度之類的大城市。阿瑪多爾郡的人口普查（一般都會少算了）更顯示華裔居民的大幅下降，從 1880 年的 1,115 人下跌至 1900 年的 153 人。

舉一個例子，在德賴敦為 Foy Sing 太太舉行了一場中國式喪禮，她於 1888 年 2 月死於肺病，出席喪禮的人少得可憐，「喪主要兼任靈車車夫；另外一個人坐在棺木上，在往墳場沿途撒紙錢；還有就是兩個人執紼。」

不過在普利茅斯的一些白人仍然有這樣的錯覺：「雖然參議員 Caminetti 作出聲明『這個郡沒有聘用中國佬，而他們也絕對無法可以找到工作。』但我們的黃種人口一直在增加。中國佬愈來愈多，我們的農莊甚至摒棄白人而聘用他們，這是鐵一般的事實；真是使我們丟臉。所有旅館都是由中國廚師掌廚。」

## 基瑞法案

1892 年 5 月通過的基瑞法案對華裔是另一個沉重的打擊。這一個法案不單把排華法延長多十年，並且要求華裔居民向美國政府申領居民證，否則會面臨遞解出境。所謂居民證就像境內護照，是一張附有一式兩幀本人照片的身份證明卡，以證明持卡住在美國的華裔是合法移民。

中國人是唯一需要備有這樣證明文件的族裔。這法案使中國人可隨時遭截查、搜身、拘捕和驅逐。商人獲得豁免，但假如無法提交證明文件，仍然會受到盤問、搜查甚至監禁的侮辱對待。

中華總會館（The Chinese Consolidated Benevolent Association，又稱 Chinese Six Companies）發聲抗議，呼籲所有在美國的華裔違抗有關法例，拒絕登記。華僑仍然保留中國公民的身份，而中國與美國維持着貿易關係。中華總會館宣稱基瑞法案不公平和可恥，因為它違反了與中國所簽訂的條約以及中國人在美國的權利。差不多有兩年期間，法案遭到華裔大力的反抗。1893 年 4 月 7 日的《阿瑪多爾分類》就將於 1893 年 5 月 5 日截止登記有這樣的報道：

> 因應基瑞法案，中國人最後登記的期限即將到臨，他們更加憂憤和惱怒。有一些人強烈反對該法例，聲稱每個中國人要花 3 元來登記，這是極之不對的。不過，這一班老百姓好像漠視 5 月 6 日會給他們帶來的影響，仍然如常生活。他們能如此堅忍面對這重大的難題，實在令人驚訝。政府與中華總會館之間的爭持正在展開⋯⋯

中華總會館向最高法院提出上訴要求推翻法令，但法院裁決法令合乎憲法。艾奧尼報紙的記者觀察到「大部分民眾對法院的裁決都感到欣慰，而中國人則相對地表現難過」。

要討論這條法令更深遠的影響、中國政府以發動貿易抵制的反應，以及接踵而來對華工的暴力 ── 特別在全州的農業界，都已超出本書

Fanny Mui 與其家庭在艾奧尼　阿瑪多爾郡檔案

要涉及的範圍。一言以蔽之，中國政府最終屈服，中華總會館亦因而放棄抗爭。登記的期限延至 1894 年 4 月 3 日。

阿瑪多爾郡的華人接到通告，國家稅務局為中國人登記的官員將會在 1894 年 4 月一連幾天分別來到非立當 (奧利塔)、普利茅斯、阿瑪多爾市、昃臣和艾奧尼。住在郡內其他地區的華人應該到其中一個指定的地方辦理登記手續。我們並不確知有多少華人登記了。在阿瑪多爾郡的檔案裏只保留了兩份居民證，都是非立當的居民，一份是簽發給朝記 (即顏朝) 的，另一份是給馮秋有的。

## 回鄉

到美國來的中國移民仍然與他們的家鄉保持着緊密的聯繫。無論是個人原因或生意往來，都促使他們偶爾回中國去。由於斯科特法案阻止技術或非技術勞工重返美國，使到商人成為可以憑藉簽證去而復返的特權階級。

商人以及 / 或他們的合夥人需要向移民機構申請「合夥」文件以證明他們獲得豁免的資格。這份文件需要最少 2 名白人見證人，容許他們在排華法的限制下可以合法離開和重返美國。有一些商人鑽法律罅，在他們的生意上加入名義上的股東，使額外的人可以回中國和返回加州。

在阿瑪多爾郡，艾奧尼兩間著名商戶的成員申請合夥紙。其中一個例子，合和祥洋行的股東之一 Wo You 獲得 9 名白人的見證，申請第二次回中國去。見證人在一份 1896 年 4 月 24 日簽發的公證文件上宣誓 Wo You 在第一次回中國之前已在該洋行工作了六年，而直至當時仍然在職。

在之後的一年，Chin Hing Get 宣誓他與艾奧尼的 Kai Kee 是 Kai Kee and Company 的唯一股東。他單獨簽署了合夥證明，其中附有一張紙列明磚建店舖（1,250 元）以及店內貨品（1,000 元）的價值。這份合夥文件給用來申請 Kai Kee 到中國之行。

到了世紀交替的時候，在阿瑪多爾郡有一些子女在美國出生的中

國家庭，假如父母有能力，他們會按傳統把長子送回中國接受教育。1900 年，艾奧尼有姓梅的一家，包括 69 歲做小販的父親 Ching Ah Mui、35 歲的妻子 Fanny、兩個分別 16 歲和 8 歲的兒子和 4 歲的女兒。家庭決定把大兒子 Chung 送回中國，很可能是回去入學。他留在中國幾年，然後在 1913 年到 20 歲的時候申請重返美國。那個時候，近着三藩市的天使島移民局要求所有進入美國的中國人都要先在那裏經檢查和盤問。很多人遭扣留上月甚至經年，直至他們獲准入境或受遣返。Chung Ah Mooey 要呈交身份宣誓書才可獲准再入境。宣誓書由 7 名艾奧尼有地位的白人居民證明認識他和他的母親 Fanny Ah Mooey。只有這樣，他才能以美國公民的身份返回美國。

## 華埠的衰落

到了世紀交替的時候，阿瑪多爾郡有些上了年紀的華裔，他們在加州已經住了好幾十年了。有一些死因研訊證實他們在那裏的悠久歷史。You Toy，61 歲，在昃臣的奧林比亞餐廳（Olympia Restaurant）任職廚師，在她的丈夫返回中國後，於兩年前從非立當搬來。1909 年，在調查她的死因時，一位非立當（奧利塔）朋友證明她們已相識三十年；另一個人——Lee Gim 認識她三十四年。艾奧尼的 Won Tat 於 1911 年因肺癆和年老去世。他在加州生活了約 40 年，死的時候 75 歲。

由此可見並非所有華人都返回中國。有一些人選擇留在美國，可能是因為工作機會的關係；其他的則因為環境，例如無法負擔返回中國的費用。尤其是婦女在美國能較獨立和有更多自由，自然會覺得社會地位比在中國好。

在昃臣生活了六十年的老人
阿瑪多爾郡檔案

A Pioneer Chinaman here for 60 yrs

　　昃臣：從 1880 年代末開始，昃臣的華埠陸續有物業出讓，很多是賣給美國白人。1888 年 2 月，昃臣的華人教會預備搬到莫凱勒米山（Mokelumne Hill），因為留在昃臣的中國人已經很少。到了第二個月，華人教會所在的地段由莫凱勒米山的 Yan Waah Chinese Company 以 600 元賣給一個白人。

　　從 1895 年到 1898 年，東華義所把「老廟」所在的兩幅地賣給美國

白人，那兩幅地本來是華裔在二十年前買入的。相信這座在戽臣的廟宇也因為善信減少而大受影響。

戽臣華埠曾被報章形容為「鎮上最擠逼和最易惹起火警的地區」，在 1901 年 7 月為大火吞噬。事件由一間中國雜貨店的煤油燈爆炸引起，大火燒燬了廟宇、一間華人公寓，以及包括鄰近白人商舖的幾幢建築。報紙這樣報道：「無法正確估算中國人所蒙受的損失。他們失去了所有東西。他們甚至來不及搶救他們的錢財和值錢的東西。」(《阿瑪多爾分類》，1901 年 7 月 5 日)

重建華埠的念頭因為兩個星期後一座由中國店主所建的建築物遭炸毀而受挫。引起爆炸的人沒有落網，但肯定與投機分子垂涎華埠所在的大街北面的物業有關。到了 20 世紀最初十年內，有更多物業出售。Gee Hing 在 1902 年從兩名長期居民手上買入兩塊地，其中一塊的價錢是 40 元。幾個月之後，不知何故，他甘受虧蝕把同一塊地以只是 10 元賣給 Domenico Gazarra；Domenico Gazarra 其後又以同樣低價在華埠再多買兩幅地。另一個例子，Yap Sang 在 1900 年向另一名華裔以 200 元買入一塊地的一半業權。十年之後，同一塊地只是以 10 元賣給美國白人。

華人致公堂多年來是戽臣的一個強大組織，但同樣漸漸流失會員。致公堂堂址成為戽臣華埠殘留最後的遺跡。《阿瑪多爾記錄與分類》(*Amador Record and Ledger*) 在 1927 年 3 月 22 日報道：「曾經是中國人繁榮興旺的一角已經褪色；過去幾年，就只剩下古老的華人廟宇和兩座搖搖欲墜的棚屋。昔日在這城市的華人，今天只有少數殘餘留下。」該座物業於 1927 年 4 月由餘下的會員 Yip Sing You、Charley Wah Yoo

和 Ng Fook Yeng 以 10 元賣給 Spinetti Brothers。致公堂面臨拆卸,將會被一間新的磚石和混凝土加固的商舖取代。[19] 在昃臣大街上曾經生氣勃勃的華埠的所有實物遺跡都蕩然無存。

第二年,致公堂和他其組織的代表把昃臣門華人墓園裏的骸骨掘出運返中國。餘下的就只有路的名字:「華人墓園路」(China Graveyard Road),標誌着這裏曾經有一座華人的墳場。

艾奧尼:1897 年 11 月,艾奧尼著名的商人 Hop Wah Chung 和 Kai Kee 聯同合夥人把艾奧尼華埠所在的 5.22 畝地以 1,000 元賣給另兩個華商 Chum Chin 和 Joe Yow。

生於 1909 年的艾奧尼前居民 Joseph Won 記述了艾奧尼華埠最後的日子。Won 在 1926 年去史托克頓之前一直在艾奧尼居住,日間在餐館長時間工作,然後晚上唸新聞學。他指出在 1908 年大約有 31 名中國人留在華埠,還有數十人住在牧場。「我在那裏的時候,並沒有很多房子。每個人都經營一間小店,並在那裏住宿。我住在一間店,除了賣雜貨,還開賭和賣威士忌。」據 Won 所説,他的母親在普萊斯維爾(Placerville)出生,曾預言艾奧尼的成功全仗中國工人悉心照料的梨園。從 1911 年開始,好些果園東主放棄他們的果園。Won 憶述道:「Kai Kee 一夥感到不好的兆頭,在 1912 年離開。」隨後一年,商人 Hop Wah Chung 也帶着家人離開艾奧尼。Joseph Won 沒齒難忘根在艾奧尼,在 1970 年重返家園,「向我們社區的華人致意」。1970 年 5 月,金州原住女協會(Native Daughters of the Golden West)在俯瞰一片寧靜草原

---

19　磚構的新建築成為 Spinco's 五金店,目前是 Swenson's Footwear and Apparel。

的艾奧尼山頂華埠原址豎立了紀念
牌匾。

**德賴敦**：德賴敦人口從 1859 年
代的全盛時期逐漸縮減至 1880 年的
約 200 人，其中 42 個是中國人。到
了 20 世紀初期，已經很少華裔留下
來。1910 年的人口普查登記了兩名
年老的礦工和一名菜販 Gee（Chin）
Ton Louis 和他的家庭，其中包括他
的妻子和十名子女。他的女兒名字

Joseph Won　阿瑪多爾郡檔案

分別是 Diamond、Ruby 和 Pearl。1986 年，考古學家在曾經是中國人
居住的地區發掘出瓷器餐具碎片、瓦甕、鴉片罐和煙槍，以及日常用品
等文物。這是僅餘的痕跡。

**火山區**：火山區商人 Sing Kee 在營商 30 年之後在 1889 年 12 月把
物業出售。一名火山區居民記得兒時她的兄弟們窺探 Sing Kee 的店子，
常常發現「Sing Kee 兩夫婦在吸食鴉片，沉醉在欣悅飄然的狀態中。他
們不介意給兩名小男孩觀看。他們喜歡孩子。有時還會給他們一顆中
國糖果。」到了 1900 年，大部分火山區的中國人都離開了，他們的「棚
屋」也給拆毀。在大街和 Consolation 街 Sing Kee 雜貨店曾經所在的房
子是火山區今天僅存的華埠遺跡。

**普利茅斯**：從來的中國人口都不多；但 1882 年，Ah Ming 買下在
舊沙加緬度路（Old Sacramento Road）的一間磚石房子，在那裏開了一
間雜貨店。當地人都叫他「老明」（Old Ming），他在雜貨店後面闢地種

菜，又賣爆竹和一般雜貨。據説他在 1920 年左右的一場意外中去世，他的雜貨店成為中國人曾經在普利茅斯出現的唯一蛛絲馬跡。雜貨店在 1970 年由三藩市的美國華人歷史學會會長胡垣坤捐獻為歷史紀念館。

排華法在 1904 年成為永久法例，大大縮減了華人在 20 世紀移民美國的數目，亦使身處美國的丈夫與在中國的妻子永遠分隔。1913 年，加州通過外籍人士土地法（Alien Land Act）禁止未能取得公民權（指中國人）的人向同樣未能入籍的人買賣土地。只有在美國出生的華人才可以成為公民和置業。這一片「機會之地」的大門已關上。儘管如此，有一些有決心的華裔居民還是千方百計繞過法律的阻撓留下來。[20] 他們排除萬難，最後取得成功。

直至 1943 年，當第二次世界大戰美國與中國結盟對抗日本，排華法才得以撤消。很久之後，到 1965 年，移民法才廢除國家配額，容許大規模移民，使華人家庭得以團聚。

---

20　三藩市的移民記錄在 1906 年的大地震中都摧毀了，一些華裔便宣稱是公民。由於公民的子女和商人獲准從中國入境美國，一些華裔公民便宣稱一些其實與他們沒有關係的男子為他們的子女，申請他們從中國到來，即所謂「買紙仔」（paper sons）。天使島的移民官員因此對入境的人進行嚴格的盤問，以篩查出與申請人沒有實際關係的華裔，但因此往往連累合法的親人也無法入境。

# 非立當華人社區最後的日子

隨着 19 世紀徐徐過去而新世紀悄悄開始，非立當（奧利塔）的華人社區人口雖然下降，彼此關係卻更密切。因為受到大火的燒燬，許多 1890 年美國人口普查的詳細資料已經散佚，留下有關當年華裔人口的許多問題無法解答。據 1900 年的人口記錄，450 名居民中只有 16 名中國人。在登記了的華裔居民中，大部分都是 50、60 歲的人，除了 46 歲的已婚婦人 Cum（又名 Kum Yow）、13 歲的馮秋有（占美·秋 Jimmie Chow），以及後來成為秋有好朋友的 20 歲少女 Yee Ayee（Ah Yee），她與父母同住。

留下來的華裔居民盡可能找日間的工作。例如，有一些人受僱於 Hiram Farnham 當伐木工人；Farnham 住在非立當多年，他擁有一間木廠，木材供應給普利茅斯。Farnham 在 1896 年去世，在他的遺產申索人中有 Ah Chung 欠款 52.65 元和 Ah Noy 欠款 277.3 元。

已知留下來的商店——朝記、和盛（大部分早期檔案都用 Wo Sing & Company 的名字。但在 1896 年、1897 年和 1903 年的墓園記錄簿上用了中文名字「昇和」。無論「和昇」或「昇和」，相信都是指同一商店和東主，因為非立當的華裔人口頗為穩定，很少變動）[21] 和利記繼續營運。商人利記的名字並不見於任何人口普查的記錄上，但卻見於現存的徵稅名冊上。1892 年的阿瑪多爾郡估稅冊上記錄了他在小溪兩旁華埠範圍內擁有兩個物業，其中一塊地是「園地」，用來種菜。在隨後一年，

---

21　譯者按：從其他中文文獻所見，「昇和」及「和盛」是兩家不同的商號。

為了準備返回中國，利記和另一合夥人 Sam Yan 向移民機關遞交合夥文件證明他們是商人。文件上列出 Lee Kee & Company（利記公司）還有另外三名股東，即總共有五名合夥人。至於他們是合法股東抑或匿名股東則無法得知。

雖然在 19 世紀末，包括塞特溪在內的大部分城鎮都有中國人開的洗衣店，但在非立當卻看不到有關的記錄。這可能是由於在非立當的華裔沒有對白人提供這方面的服務。那地方細小，洗熨和其他工作都是僱用白人婦女去做的。

在 1890 年代，非立當有足夠的華人舉行盛大的農曆新年慶祝。非立當著名的居民 Issac Cooper 結束了在艾奧瓦州成功的地產生意後退休，向華裔居民出售雞蛋和雞隻。他在 1892 年 2 月 12 日的日記上寫道：

> 帶了 Fred［孫兒］去看中國人慶祝他們的新年——爆竹、火箭、咚咚鼓、銅鈸和其他表演。Fred 燃點了兩束爆竹，而他尤其高興看到煮熟了的雞插上了兩條雄尾，還有嘴裏含着橘子的燒豬和生豬。

有一些跡象顯示華人社區中有一座廟宇。非立當的老居民在憶述 1886 年至 1890 年代鎮上大街的情景時，都指出在朝記雜貨店西面隔幾間房子有一座廟；位置與 1892 年的估值冊上所登記的「中華」吻合。「中華」正是華人對中華總會館的簡稱。自 1871 年開始隸屬非立當番邑公所的忠孝宗親會的名字出現在 1909 年和 1912 年的州和縣稅收條上，

SAM YAN............... whose photograph
and signature are hereto attached, being duly
sworn according to law, deposes and says that
he is and has been for 15 years a resident of Oleta,
........................................Amador County, State of
California.

That he is a Merchant and has been for 15 years a
member of the firm of LEE KEE & COMPANY,................
Dealers in General Chinese Merchandise........ doing busi-
ness at Oleta, California.----------------------------
----------------------------------------------------------

That the following is a true list of all the members of
the above named firm and their places of residence.

That the interest of each of the named members in said
firm is $500.00 or more. That the capital stock of said
firm is $5,000.00............, consisting of stock on hand,
and solvent credits.

| Names | Residences | Interest |
|---|---|---|
| SAM LEE KEE | About to depart for China | $1,000.00 |
| SAM YAN | About to depart for China | 1,000.00 |
| YOUNG SHING | Oleta, Cal. | 1,000.00 |
| HO YEU | Oleta, Cal. | 1,000.00 |
| CHAN CHEONG | Oleta, Cal. | 1,000.00 |
| | | $5,000.00 |

岑恩 (Samyan)

Subscribed and sworn to before me this
29 day of Sept. A. D. 1893
F. B. Hoyt

Lee Kee 合伙人申請　國家檔案和記錄管理局

中國廟宇稅收單據　阿瑪多爾郡檔案

而標明的位置正是與「中華」相同。在隨後一年，「中華」為中華公所簽
署了一張州和縣稅收條，這是在朝記雜貨店東面隔兩間房子本來屬於
Yee Fung 的物業。很可惜，再找不到有其他資料詳細說明非立當的中
華公所或解釋它與忠孝宗親會的關係。不過，這兩座建築在 1912 年和
1913 年的存在說明當時的華人社區一定較 1910 年人口普查所登記的只
有四名中國人大得多。1975 年出版的劉伯驥《美國華僑史》曾提及在
非立當有一座廟。如此看來，在重視人際關係的華人社區，在非立當設
立場所供居民敬拜神祇和祭祠祖先是很有可能的。

　　20 世紀初期，非立當的一些居民仍然記得留下來的少數中國人：

"Sally" Cum Yow [22]、Ah Hawk，當然還有馮秋有或占美‧秋。1903 年，非立當的郵局局長兼測量員，又是鐵匠的 Billie Brown 買下包括小溪西面一幅地的富記物業。他住在東面幾個地段以外，就在他的鍛鐵舖旁。他的孫女 Esther Brandt 後來記述她兒時的中國朋友：

> 　　就在半條街以外（離開 Brown 的寓所）住了秋有、Sally Cum Yow 和其他中國人家庭。我可以去探望他們，並且清楚記得怎樣在屋內壁爐邊學捲爆竹。我沒有扔開那個中國鬼玩兒，結果在太陽穴的位置給燒焦了，直到今天還留着疤痕……我記得占美開始上學的時候戴着帽子和留着辮子。他們要他把辮子剪去，否則不讓他進學校。他們的祖父很高很瘦，用擱在很幼的彎柄上的白色煙管吸煙，那煙管是很精緻的吧。然後他們說他年紀漸老，想返回中國落葉歸根。他拖着長長的辮子，戴上小小的圓帽，與占美一模一樣。他大部分時間都在太陽底下坐在馬廄前面的椅子上，他一定是那個馬廄的管理人。當占美長大了，他經常到鍛鐵舖來幫助我的祖父。
>
> 　　Sally Kum Yow 有一個漂亮的姊妹（他們是這樣說），她與從史托克頓來的一名男子結了婚。……雖然他們的房子沒有窗，從外頭走進去要好一會才能適應幽暗的環境和壁爐或通道微弱的光，但我覺得很自在。他們對我很好 —— 牀子好像是雙層和

---

22　在 1900 年的人口普查記錄上，Cow Yow 列為 46 歲，是 66 歲的 Com Yoke 的妻子。在 1910 的人口普查記錄中，Kum Yow 是列為寡婦、一家之主和普通工人，仍是 46 歲。她可能是與朝記和一名 68 歲的礦工住在雜貨店內。

硬木的——沒有枕頭或牀單，與我們的不同。Sally 是一個園藝能手，她種出來的蔬菜和草莓比祖父種的好得多。祖父讓她打理園子，並把種出來的東西分一半給她。他們煮出來的食物經常是香噴噴的——直至今天仍然是我心愛的菜色，他們用鑊來燒菜……

照片中人可能是 Lee Kee　阿瑪多爾郡檔案

　　我從來沒有聽過他們之中任何一個人生病。祖父說甚麼時候都可以信賴中國人——他們是非常老實的……他們一家受人喜愛和信任，當他們的祖父到了時候要返「家」，我想鎮上的人會支付他的旅費。Sally 走路是小步小步的，手臂擺動到另一隻手的袖子（像是長外套）上；穿着灰藍色的褲子或鬆身褲——她的頭髮緊緊的束在後面，編成辮子垂在背後。她差不多每天都會來我的家，有時還會幫助祖母。

　　在 20 世紀中葉，新業主在小溪東面的園圃區掘出數以百計中國瓷器和陶器的碎片。那是華裔——Sally Kum Yow、利記，以及在他們之前的人——種菜的地。可能是在中國人離開之後，那裏成為了棄置餐具的垃圾場。在小溪的另一面，在曾經屬於富記的物業之上，一堵依山坡築成的石牆旁邊的洞穴發現了幾個大陶甕。在通往石牆的地方有兩個凹陷的坑，可能就是當年中國人房子所在的位置。

# 非立當墓園最後一次籌款

儘管華裔人口縮減,為華人墓園籌款及重修仍然是非立當華人社區一項重大的活動。非立當的華人向其他地區的同胞要求捐助。

在 1903 年為重修公墓募捐的活動中,一本題為《重修墳墓勸捐緣部》的冊子安放在朝記雜貨店以呼籲捐助。冊子內的勸捐文情理兼備:

行善事或推食而分衣

廣積陰功

亦修橋而造路

況乎旅歷之圍欄朽爛

先友之墳墓攸關

誠恐日久失修驟馬踐踏

言念及此

心惻奚如爰集同人重修木柵

一木難支眾擎易舉

用將緣部敢告勸捐

維〔惟〕望仁人善士共襄厥舉

眾壤有靈應切啣環之報

是為引

(修葺工程於光緒廿九年十二月十日〔1904 年 1 月 16 日〕開始。)

非立當的捐助者包括中和會館和番邑公所，個人則包括朝記、秋有和其他幾個人。

另一本《重修墳墓勸捐緣部》則放置在昃臣的會利號雜貨店向顧客募捐。不單昃臣的會館捐獻給非立當的墓園，很多昃臣的居民都以每人 1 元的形式捐助，也有少數人捐出小額金錢。昃臣總共有 22 名捐助者，善款合共 11.6 元。這一本勸捐簿註明日期是 1904 年 1 月 31 日（癸卯年十二月十五

勸捐錄封面　阿瑪多爾郡檔案

日）。從昃臣籌募得來的 11.6 元詳細登記條列在墓園記錄冊上，可見在記錄方面是多麼一絲不苟。

# 葬於非立當，歸根中國

還有一本冊子讓我們可以更深入了解非立當華人社區的組織，那就是《先友時辰部》。冊子內登記了從 1860 年代至 1913 年埋葬於非立當華人墓園的男男女女。這本冊子本來是附錄於《公墓記錄部》的，後來有單行的膳本。

《先友時辰部》登記了死者的名字、籍貫（只限於男性）、卒歿的農曆及西曆日期，有一些還附有一些難明的數字，可能是記錄死者住在加州或非立當的年數。[23]

《先友時辰部》內第一個冊上有名的是四邑開平縣的謝德公（「公」是尊稱），他卒於光緒八年農曆九月十二日，即公元 1882 年 10 月 31 日，23 年。他不單是《先友時辰部》內第一個人，而且他的大理石墓碑也給保存下來，在朝記雜貨店陳列。墓碑上的資料與《時辰部》內的資料吻合。

出現在《先友時辰部》內最後一個人是商人顏朝記。他的遭遇如何在從前是個謎，但《時辰部》的記錄證實了他於農曆六月十一日卒於非立當，即公元 1913 年 7 月 18 日。

《時辰部》有三頁是分開登記女人的，但並沒有列出她們的籍貫。在死者名單上，有一項令人驚奇的發現，就是埋葬在非立當的婦女有

---

23　吳瑞卿博士在翻譯《先友時辰部》的時候，對照記錄的農曆和西曆，發現有一年甚至幾年的偏差。例如登記冊上第一個人謝德（Tse Duk），按他的死亡農曆年份對照應該是公元 1882 年，而並非冊上所寫的 1887 年。屋崙的 David Coates 翻譯謝德的基碑碑文也列明是 1882 年的。

23 個，佔了全部的 45%。
這個數字說明以為只有很少
婦女來加州的看法是與事實
不符的。這 23 名女人之中，
超過一半（15 人）是單身
的，很可能是妓女。她們的
死亡日期引發了很多疑問，
因為大部分都是死於 1890
年代及以後（最晚的是 1908
年）的。在 1875 年通過佩奇
法案之後，婦女想進入美國

謝德之墓　D. Zorbas

是非常困難的，而妓女的壽命一般是短促的。難道這些婦女在非立當已
經居住了很多年嗎？

在女死者名單中有 5 人是冠以「婆」的尊號。奇怪的是當中有 3 個
人死於 1863 和 1864 年，是《時辰部》內登記最早的死亡日期。從中國
販賣來當娼妓的女性通常是正值少女時代或是 20 歲剛出頭。這些年紀
較大的婦女是怎樣和為甚麼在 1850 年代和 1860 年代到來加州的呢？

名單中有三個是已婚婦人。朱氏細彩死於 1901 年，趙氏死於 1905
年。余門朱氏與丈夫余煜（Yee Yuke）同在 1901 年過世。[24]

---

24　朱氏的中文姓氏與顏朝的姓不同。到底是細彩另嫁姓朱的人，還是有另一個細
　　彩呢？1900 年的人口普查記錄中細彩是顏朝記的妻子。而趙氏的姓與顏朝的
　　也不同。另有一個叫有彩（Yau Choy）的女人死於 1909 年，更增添了到底是
　　哪一個女人嫁了給顏朝的混亂。

　　其他姓余的男人和女人也出現在已歿的名單上，大部分都是在 20
世紀首十年內去世的：余均和（Yee Quan Wo）（1896 年）、余氏（1904
年）、 余煥（Yee Wun）（1908 年）、 余就生（Yee Chow Sung）（1908
年）以及極可能是商人昇和的余星和（Yee Sing Wo）（1909 年）。所有
這些姓余的死者都是原籍四邑的台山（新寧）縣，可能與中醫 Yee Fung
Cheung 同一宗族。（註：《先友時辰部》內最後三頁沒有列出死去的男
人的籍貫。姓余的男人和女人都集中一起在連續幾頁上列出。）

　　《先友時辰部》最初六頁的死者名單農曆卒歿日期後出現的數字引
起很大的疑問：

開平，劉為（Lau Wai），十月十一日，22 年，西曆 1888 年

台山，黃恩（Wong Yun），十月二十日，13 年，西曆 1897 年

新會，楊就（Yeung Chow），六月二十五日，36 年，西曆 1879
年

香山，鄭廷（Jeng Ting），一月初一，11 年，西曆 1900 年

番禺，顏引福（Ngan Yun Fook），十一月廿七日，14 年，西曆
1896 年

細克婆（Sigh（sai）Huk），五月十八日，47 年，西曆 1864 年

　　這些年數是指死者的年壽抑或他們留在美國的日子呢？假如指的
是年齡，那麼有 12 個小男孩和少年死於 1890 年代，照非立當的華人人
口來說是不大可能的。但若按細克婆的情況來說，她死於 47 歲卻是很
有可能的。假如年數是指居留的日子，那麼劉為是在 1866 年到來，這

Ah Ting 的埋葬許可證　阿瑪多爾郡檔案

說得通。但若說楊就在 1843 年從新會到來，卻是不大可能。

　　原籍香山的鄭廷的安葬許可證與他在《先友時辰部》上的資料相符。[25] 還有，許可證上說明他的死亡年歲是 64；那個神秘的數目「11 年」便不可能指歲數了。那可能是說明他留在非立當或加州的日子。當然，

---

25　吳瑞卿博士改正《先友時辰部》上登記的死亡年份西曆 1899 年為 1900 年，這
　　亦與安葬許可證吻合。

記錄上有可能出錯，而這年數亦可能另有意思。

　　有記錄的死亡大多數是在 1890 年代（十二男，十一女）和 20 世紀最初 10 年（六男，七女）。他們是否非立當的長期居民呢？在 1900 年的人口普查記錄中顯示了人口的老化。《先友時辰部》上最後一個死亡登記是在 1913 年去世的朝記，而這一位重要商人的離世亦標誌了當地華人社區連同它保存的記錄成為了歷史。

## 最後安息之地

　　華僑安葬在非立當公墓只是暫時之舉。中國人的信念是「落葉歸根」。對這些華僑來說，中國才是他們的祖家，而美國並不是他們的永久歸宿。把華僑的骨殖檢出，然後運返中國，這是由地緣會館統籌，委任給各個縣的善堂的工作。代表華南番禺縣的昌後堂便是其中一個組織。 會館的負責人安排把先人的骸骨檢出、清理、裝箱、標記，然後從三藩市運往香港。假如死者的身份確實，骨殖會交還給原籍的親戚永久安葬祭祠。就算是無人認領或身份不明的骨殖也會得到照顧，放置在靈柩內，運到香港，安放在義莊內。會館向返回中國的華僑收取運費，又籌募捐款資助骨殖的發掘和裝運的費用。

　　昌後堂在 1863 年進行了第一次撿骨付運，然後在 1876 年進行第二次。該組織踏遍美國和加拿大的英屬哥倫比亞尋找華僑的墳墓。他們仔細記錄了華僑進入加州、返回中國，以及身故（通常由同胞通知會館）的資料。他們盡力把這些已故的華僑的遺骸運返中國入土為安。

　　在朝記雜貨店其中一項重要發現是一套合集，裏面敍述了把骨殖從三藩市船運到香港經由另一組織繼善堂接收的過程。記錄第一次檢

運的《昌後堂運柩回唐序 (1864)》及《香港繼善堂金山番邑接柩節錄 (1865)》兩本印行的徵信錄都是孤本，至今沒有見到其他副本。而雜貨店內藏有 1864 年的第一次檢運和和 1893 年的第三次檢運的徵信錄。

1863 年 4 月 4 日，《沙加緬度聯合日報》刊登了一篇名為〈集體撿骨〉(Wholesale Exhumation) 的報道，給這第一次運柩的準備過程作了有意思的描述：

> 大約有三百副盛載了已身故的中國人遺骸的中國棺木或箱子昨天安放在 Kate Adams 號上，準備運到三藩市，然後船運到中國。那些松木板棺木長短不一，從三呎到七呎都有。有些木板是經過刨滑的，有些卻未經打磨。每一副棺木都用中文字標記着——可能都是死者的姓名、年歲等。這麼一大批貨運中有部分是從城中用汽車運來的，其餘的則是從 I 街一間中國人的房子搬來的。據說那些骸骨是從加州不同的地方發掘出來，已經積存了好幾年。沙加緬度在過去三年的船運在數量上並沒有及得這一次的規模。只有男人的骸骨才給運返中國，至於女人的則被視作不值得保留。

前面已經說過，昌後堂設立在非立當，並且負責從墓園把骸骨檢出來——通常在死者身故之後二至十年。公墓有來自不同縣以及曾捐助公墓的人的墳墓，但不同縣的善堂只負責收集本縣人的骸骨。

*Ledger Dispatch* 在 1882 年 9 月 5 日對非立當的撿骨有這樣的描述：「上週，中國人打開了他們的墳場中二十五座墳墓，把骨頭清理了，

然後裝箱運返中國。上個星期六晚，在華埠的街上可以看到數百支點亮的蠟燭和燃燒着一疊一疊的紙（很可能是葬禮之用）。」在非立當把骸骨撿出正值 1882 年，可能並非巧合。排華法是在同一年通過，顯示出對中國人與日俱增的敵意。

　　非立當最後一位華裔居民馮秋有 —— 又名占美・秋，講及在 1917 年進行的最後一次撿骨，其餘留在公墓的骸骨都給收集起來。所有葬在非立當華人墓園的人 —— 相信有男有女的骸骨都運送和歸還他們的祖國，與他們的祖先為伴，靈魂得以安息。秋有是葬在非立當公墓的唯一中國人。

# 第六章

# 革新與傳承

# 美籍華裔馮秋有

　　馮秋有是美國公民，他是選民、業主，也是納稅人。1908 年，他 23 歲，以共和黨人身份登記為選民，自己聲稱是勞工。因為常見對中國姓名的混淆，他給當作姓有，名馮秋（Yow, Fong Chow）。他登記了可以終生投票，亦一直是共和黨員。幾十年來，他都為夯土屋朝記雜貨店，以及包括賭館的其他四塊地繳付州和地方稅。

## 第一次世界大戰

　　儘管排華法把大部分華人拒諸美國門外，但已經成為美國公民的中國人還是要登記服役。1917 年 4 月，美國加入第一次世界大戰。當年秋有是 33 歲，地方徵兵委員會於 1918 年 1 月通知他給列入 1A[26]。在該月稍後時間的身體檢查宣佈他的健康狀況適合應召入伍。

　　合資格應徵服役上戰場對他來說並不是好消息。他接到通知後立即給兒時好友 Yee 寫了一封信，她與丈夫 Jow Moke 住在史托克頓附近的 Ripon。她回覆道：「嗯，秋有，聽到你雖然超齡（最初的服役年齡限制是 30 歲），卻仍榜上有名，實在難過。」她建議他找律師或在非立當與中國人友好的 William Brown 的協助。

　　秋有得到所需的協助，在二月，軍務處審核之後作出結論：「有關馮秋有的情況，有足夠證明可以豁免他的入伍。」不過，到了 1918 年 9 月，他又被列入 1A。這是最後一次徵兵，而這一次是包括 31 歲至 45

---

26　譯者註：符合應徵服兵役的資格。

致馮秋有信函　阿瑪多爾郡檔案

歲的男丁。秋有從沒有正式入伍，但戰爭期間，他在三藩市附近的馬雷島（Mare Island）的美國海軍船塢工作，因而學了木工。

　　他的同學 Tommy Lott 給徵召入伍並派上戰場作戰。他在美國遠征軍（American Expeditionary Force）服役，1919 年 2 月從德國的肯佩尼希（Kempenich）寫信給「老友占美」，對他說「我沒有忘記你」。他問候所有的朋友，特別提到幾個他們共同認識的人。滿有憧憬的，他寫及獵鹿和釣魚的季節：「我當然記得在離開之前我們有過的一些美好時光。假如沒有甚麼變故的話，相信這些時光仍會再現……。鱒魚季節不久便會開始了，我想你一定會出動了吧。」

　　1921 年，「老友」Grant 寫信給秋有打聽共同朋友的情況：「秋有，希望能見到你，重過我們曾經共渡過的美好時光。祝身體健康，佇候回音。」由此可見，秋有得到夥伴的認同。

## 與中國的連繫

秋有沒有遺棄他的中華文化傳統。他保持中國飲食方式，買薑、菇菌、蝦和其他食物。他從三藩市的廣利號（Quong Lee & Co.）、沙加緬度的海記（Hoy Kee & Co.）（朝記也光顧同一店舖）和史托克頓的 Fook Chong & Co. 訂購中國食品雜貨。他的訂貨單由店舖用中文開列出來，證明秋有可以讀寫中文字。在朝記雜貨店的大部分文書都是用中文寫成的，其中包括家人寄給他的信、中國雜貨店給他的單據，以及其他文件。

秋有加入了他的養父朝記也曾支持的華人組織。1932 年，他繳交了會費給總部設在三藩市的昭義公所，該公所當年重組成為一個有名望的組織，從昭義堂（地位就像幫會）改名為昭義公所。在非立當存在已

三藩市昭義工商總會發予馮秋有的註冊收據　阿瑪多爾郡檔案

三邑總會館發予馮秋有的註冊收據　阿瑪多爾郡檔案

久的昌後善堂（Chong How Benevolent Association）收到秋有的捐助，給了他一封連同新年祝賀的感謝信，並希望他為了祖國的文明和安定繼續捐獻。他同時在 1932 年加入了史托克頓的三邑會館。參加這些組織的單據都是用中文寫成的，是秋有懂得中文字的另一例子。

秋有與 Yee 保持着書信往來。他寫的信已經散失了，但在雜貨店找到的文書中有好幾封是 Yee 用英文寫給他的信。在提及收到他的「嘉音」時，她以「好友」稱呼他，又問他計劃甚麼時候到史托克頓探望她。大部分信件都是寫於 1917 至 1921 年間，內容談及她的健康、天氣、她的丈夫任職莫雷納葡萄園（Morena Vineyard）管理超過 30 名華工，以及他們的長子 Ming。

1921 年之後，通信似乎疏落了，主要都是由 Yee 先寫來。1930 年 5 月，她帶着歉意的向秋有借 50 元。在 7 月到曼特卡罐頭食品廠工作之前，她正尋覓當廚師的工作。信中流露迫切之情：「我需要在 5 月 25 或 27 日得到這筆錢。請借給我。不好意思要開口問你借錢，但我真的需要到時有那筆錢……。」她其餘的短信都寫於 1944 年至 1951 年。在最後兩封她寄來的信中，她問候在非立當的另一位朋友 Elsie Woolfolk。

秋有終止了與在中國的家人通訊。1919 年，他收到名 Ah Yin 的兄弟一封英文信，信中說：「秋有，曾寄汝好幾封信，但未接回音，敬祈垂注。」

十多年過去，但秋有仍然沒有與他的兄弟通訊。彬姚在 1929 年譴責他不回信：「自從 1929 年你連同 50 元寄來的信後，已經有十六年沒有給我們片言隻字了。我們不知道你的近況，全家都很掛念你。請回信。」還附帶說他有一個 15 歲的兒子正在上學。

　　這裏引起一個疑問：「為甚麼秋有斷絕了與在中國的家人通信？」根據 1956 年他唯一一次接受的訪問中說：「我在中國有一個兄弟。每年農曆新年，我都會寄一點錢給他。我已經很久沒有他的消息了。」這名兄弟相信就是彬姚。

　　可能是由於家人無休止的索取金錢使他不勝負荷，更何況要長途跋涉才能回到中國吧。經濟可能是主要原因，金錢的壓力沒完沒了。除了經由通信，他對親生家庭是一無所知。他對家庭情感是否全投放在養育他的養父母朝記和細彩身上呢？ 對他來說，在加州的好友是否比遠在中國的家人更重要呢？他是否享受住在加州鄉郊的自由和獨立，可以遠離在中國受傳統的家庭束縛呢？他是否以為在中國只有貧困而留在非立當生活會較富裕呢？

## 在非立當的生活

　　到了 1920 年，除了一個受僱於當地家庭的老工人 Ah Hawk 之外，秋有是鎮上唯一的中國人。在選民登記冊上，秋有報稱是木匠，而他也堪稱得上，因為非立當有幾間房子是他建造的。當地人都叫他「砍木佬」（wood butcher）。據他的一位朋友說，他擅長數字，「他在心中運算比別人用紙筆計算還要快」。

　　非立當是一個細小的鄉郊村落，遠離大部分人要奔波營役的人口密集中心。在生活主要靠自給自足的社會，一個人必須多才多藝。在秋有的一生中，他差不多為鎮上每一個人工作過，很多時候是與社區中的白人合作：砍木、修補屋頂、屠宰豬隻、狩獵—— 總之是需要有人做的工作。在 1940 年代，他在雜貨店做宰肉工人。

馮秋有的睡房　D. Zorbas

　　第一次世界大戰之後，秋有搬回朝記雜貨店居住，仍然睡在他那張硬木板牀上；他大部分時間都留在屋子用木板間隔開的後面，那裏有兩個廚房和他的寢室。到了寒冷的冬天，當非立當下着霜雪，他會搬到屋子的前頭，用那鐵火爐燒木取暖，安坐在他找回來的軟墊椅子上。1934 年，當非立當有了電力，秋有也在屋子裏安裝了電。秋有跟非立當很多人一樣，在屋後的小棚屋裏飼養雞隻。他把雞蛋賣給非立當以西六哩普利茅斯的日用品商店 Rosenwald & Kahn，換取白蘭地酒。多年來，他對日漸殘破的房子只作了基本的改變和輕微的修葺。

　　秋有沒有開車。他的好幾個朋友憶述載他到沙加緬度；特別是到史托克頓，他到中國人的店子買食物和衣物。一個當地人憶述：「他是

一個很和善的小伙子。很多次我給他搭便車；很多人也會載他到普利茅斯，讓他進城購物。」

他的密友 Bob 的妻子 Mary Lawrence 在一次口述歷史訪問中記述：

> 他們在報張上誇誇其談說他很孤獨。怎會呢？他其實是最受照顧的人！假如有人要去史托克頓，他們會接載他同行；然後多數一起吃午餐，在外消磨一整天。 直至最後的日子也如是。外子 [Bob Lawrence] 是他最要好的朋友，在他病危的時候，就是 Bob 送他到醫院的。

不過，他應該是仍然想望有妻子和家人的陪伴的。他在朝記雜貨店的家，在牀邊的牆上懸掛了一些西方求偶徵婚的廣告明信片作為裝飾，都是印上了穿着時尚的少女肖像。

很多當地的居民都歡迎接待秋有到他們的家。因為他是單身漢，他經常獲邀到別人家共進晚餐或一同慶祝節日。一位朋友回憶：「事實上，他經常在我家吃飯。家母會說：『我做了一些占美喜歡的菜，去找他，邀他來吃晚飯吧。』從鎮上來的人會把自家種碩大的意大利瓜送給他，他喜歡用那灶鑊來炒。」

在家裏，秋有四周都是 Yee Fung Cheung、朝記和細彩留下來的古老東西：家具、餐具、醫療工具、藥包、放了草藥的抽屜、茶罐、瓦甕、瓶子、籃子、雪茄盒子、砧板、碗、算盤、賭具、中文標語和書籍、貼在牆上的報紙，以及許多過往歲月工作和娛樂留下來的痕跡。

在這些東西之外，秋有添加了一些他自己的物品：木刨、年曆 (有

馮秋有的拐杖和掛曆　D. Zorbas

一些是非立當的 Cowan 食品店的），其餘是在三藩市服務華人的銀行的）、補鞋工具、拐杖以及藥瓶子。很幸運，他也保留了他的個人信件、購物單據、徵兵登記和取消通知，以及一些文件，幫助我們重塑他的生活以及早期華僑社區的狀況。他是一個非常節儉的人，甚麼東西也儘可能修補，也儘可能保留──甚至包括舊報紙、破爛的工具，以及廢物。

　　當秋有步入老年，他患了痛苦的嚴重關節炎。朋友為他砍木供他放在火爐生火，帶他去看醫生，甚至在 1950 年代替他更換漏水的屋頂。鎮上的人間中會來看看他。他憶述：「非立當所有的人都對我很好。」幾個當地人在回憶對他的印象時，都表示出好感：[27]

----

27　以下的引述都是 Elaine Zorbas 在訪問居民時的書信回覆和口述歷史。

　　　　看來他與每一個人都相處得很好。他會去 Randalls（一個當地聚腳點），他熟悉那裏每一個人和每一件事。但他卻是出奇的沉默。你要走過去惹他，才能使他開口說話；否則他就只會坐着不發一聲。他只是在聽每一句說話。他不是那些終日想別人聽到他的人。他是一個很好的人。

　　　　他就像是我們當中一分子。那些年代，小伙子們都喜歡出去飲啤酒，而他會在工餘去與大夥同坐，他會飲汽水。他是宰肉工人，在百貨店工作了很多年。他是一個非常非常好的人。

　　　　他是一名個子小而害羞的君子。他過着極之清簡和單獨的生活……他的家是很簡樸的。沒有人能生活在那種環境中。但他從來沒有抱怨。他可以搬離那裏的，但他沒有。

　　　　我有幸認識到占美。我在他晚年的時候認識他。雖然他長期受着關節炎的折磨，但他可愛和溫純。他經常笑臉迎人，向人伸出友誼之手！……雖然他生活艱苦，但他從不抱怨。直至今天，一想起他，都會令我會心微笑。

1950 年代，創立雜貨店的余中醫的曾孫 Herbert K. 余醫生探訪了馮秋有。南加州美國華僑歷史學會的 Johnny Yee 在 1954 年與秋有會面，與他進行了他生平唯一的訪問，形容他是白髮蒼蒼的 70 歲人，「他客氣的招呼我們到商店內，我們進行了一次有趣而愉快的交談。」

說話中，秋有提及他的華裔朋友從史托克頓和沙加緬度來探望他，其中還包括著名的華裔女演員黃柳霜（Anna May Wong）和她的姊妹，他說她們會在夏天來訪非立當。[28]

留在店內的藥樽　D. Zorbas

　　在二十五名史托克頓教師參觀過雜貨店之後，秋有說加州公園管理局的人到來表示對朝記雜貨店感興趣，他便打算把物業讓給他們。不過，他在 1950 年代和 1960 年初把一些店內的文物賣了給收藏家，那些文物現在歸阿瑪多爾郡所有。[29] 根據他好友的妻子 Mary Lawrence 說：「占美把大部分賭具（從對街的賭館）賣走了。那都是他的東西……外子勸他說那裏終於有一天會成為博物館的，但占美就是把差不多所有東西賣掉。」[30]

　　秋有的關節炎惡化，他要進出醫院。一位朋友憶述：

---

28　作者無法證實黃柳霜曾在非立當出現，不過有以前在非立當住過的居民記述兒時見過黃柳霜，說她間中會到來，還帶一些糖果交給秋有派發給孩子們。根據傳記作者 Graham Hodges，黃柳霜的父親黃善興（Wo Sing Sam）少年時曾住在非立當的一間廟裏。曾經找到一張由非立當寄出的明信片，上面寫着「黃柳霜父親曾居於此」。黃柳霜 1905 年在洛杉磯出生。馮秋有大她 20 歲。

29　這些物品由 EBay 出讓，阿瑪多爾郡 2006 年從第三者手上購入。

30　據 Mary Lawrence 的訪問。

　　　　我到他家裏探望。如我所說，他患了關節炎，使他在冬天備
　　受折磨。我會去為他預備木頭，為他生火，免得他凍死。他是那
　　麼無助，是很難捱過冬天的。


1965 年 4 月 25 日，馮秋有因白血病去世，終年 80 歲。他遺下 570
元，沒有負債，也沒有遺囑。與很多在他之前的華僑不同，他葬於非立
當的公墓。由當地居民豎立的墓碑上寫着：「馮秋有，非立當原居民，
摯愛的人稱他占美・秋」。

　　這位沉靜、節儉和謙厚的人的事跡都留下在他的家 —— 朝記雜貨
店，連同屋內的東西，都彰顯中國生活方式遠離祖國移植到這小鎮，雖
然歷經一百多年仍傳承不斷。同樣重要的是，馮秋有的一生有力地說明
可以秉持兩種截然不同文化的能力：像美國人一樣工作和生活，同時又
保留了中國的傳統和聯繫。馮秋有也好，占美・秋也好，遠在「美籍華
人」一詞流行以前，他已經是十足的美籍華人了。

# 昃臣的葉氏家庭

　　昃臣的華埠沒落了多年之後，在 1978 年，一塊中文吉祥語在重建華埠地段的一間店舖時給發現出來。發現的人是懂得讀中文的昃臣居民和商人 Som Yep。吉祥語給釘在屋頂的木板上，上面寫着「家家昌盛」。那塊吉祥語後來因為天花板塌下而給遮蔽了，Yep 複製了一塊，把祝願延續下去。

　　Som 1915 年在廣東台山出生，是家中的長子。他的父親早已移民加州，在洛迪（Lodi）附近的加州三角州做農夫種植土豆。Som 在 12 歲的時候離開中國，到加州與父親團聚。因為負擔不起到美國的旅費，所以他的母親便留在中國。幾年之後，一條河堤崩塌，洪水把他們的農莊淹浸，使他們破產，家庭陷於困境。

　　1932 年，Som 與父親搬到昃臣，在建於 1864 年的歷史建築國立酒店（National Hotel）營運廚房。雖然由於種族歧視的原故，很多就業渠道已經封閉，但作為世界馳名菜系之一的傳人，中國移民經常可以靠在食肆和酒店中任職廚師而生存。國立酒店登廣告招聘三名廚師和副手。Som 的父親為酒店掌廚，可以償還纍纍的欠債。父子兩人包攬了三個人的工作量，使酒店的廚房持續運作。

　　Som 一面在廚房工作，一面學習經營餐館之道。命中註定他要從事餐飲業吧，因為第二次世界大戰時期，Som（又稱「Sammy」）加入軍隊，最初當步兵，然後給派任軍務長。因為他懂得烹飪，便當上營中廚師，並隨軍隊走遍意大利，他在昃臣與意大利礦工和商人共處時學到的意大利話便派上用場。戰後，他返回昃臣，繼續在鎮上好幾間餐館工

作。1958 年，Som Yep 創立了森美咖啡店（Sammy's Café），成為了昃臣當地人一個聚腳和光顧的地點。

　　森美咖啡店是家庭式經營。Som 的妻子是他在戰後在中國迎娶的，負責記賬；而女兒 Friday 間中會來當女侍應。他們的子女 —— 三個兒子和一名女兒，全都在咖啡店工作，做洗碗和侍應，有時工作至深夜。Som 沒有忘記在中國的家人。多年來，身為美國公民的 Som 申請了 43 個親戚從中國移民到美國。他們大部分只能說中文，初到來的時候都在森美咖啡店工作。Som 的襟兄 Art Lee 19 歲的時候來到昃臣，在咖啡店當廚師，一直留在昃臣超過五十年。

May 及 Som Yep 在森美咖啡店　阿瑪多爾郡檔案

森美咖啡店是戽臣一個與別不同的地方。餐館既供應美國菜，也有美式中菜，從漢堡包到炒麵都有。在還未流行之前，它已經是全日營業，即是職員要勤奮長時間工作。光顧森美的有各式人等 —— 農夫、牧場工人、本地政客、議員、州參事、法官、律師、貨車司機、礦工、醫生、旅客，甚至電影明星。到了晚上，酒吧客都到樓上飲酒和玩紙牌，例如打撲克。影星尊榮（John Wayne）與導演約翰‧福特（John Ford）在當地拍片的時候，就曾經參加過牌局。雖然當時賭博是非法的，但在戽臣卻得到容忍存在。

Som 成為戽臣一名傑出的商人，也是大眾的朋友。1972 年，他 57 歲，當選為戽臣市議會議員，得票較任何一個候選人都多。他在任兩年，然後因為生意的壓力而辭職。他最覺自豪的是協助建立了戽臣市政中心（Jackson Civic Center）。

Som 在 1985 年退休，然後搬到沙加緬度。他的襟兄夫婦二人 1979 年從台山到來，買下他的餐館繼續營運了七年，他們的三名子女也在餐館工作。多年來，一班當地商人和政客每個工作天早上 10 時之前都會到來聚集喝咖啡，然後下午 3 時又再來。他們擲毫決定由誰做東請客。1985 年，這稱為「10 至 10 咖啡會」的一夥慶祝了在森美咖啡店聚會了近三十週年。

森美咖啡店再不是戽臣生活的特色了。Som Yep 在 2009 年去世。不過，他的子孫以及得他夫婦二人協助到美國來的人都能立足於這個國家。移民、就業、婚姻以及住房的種族屏障都得以撤除。Som 和 May 的兒子、子姪和他們的孩子繼續在戽臣住下來。

# 余家後代

　　Yee Fung Cheung 的大兒子 Yee Lun Wo 從沒有離開過中國，因為他肩負了照顧家中長者的天職。他選擇了派他 9 歲大的兒子 Yee Way Duk 在 1906 年到沙加緬度，與他的叔叔 Yee Lok Sam —— 又名 T. Wah Hing 同住。這孩子採用了洋名亨利・余（Henry Yee），跟他的叔叔學習中醫，又在沙加緬度上學。在很少中國人可以進入美國的年頭，中國學生卻獲准移民到來並接受美國的教育。亨利到史丹福（Stanford）、加州大學柏克萊分校（U.C. Berkeley）上大學，在密芝根大學（University of Michigan）取得科學碩士學位。

　　亨利返回中國，逗留了多年，出任廣東省公務局局長，最後擔任廣汕鐵路的總工程師。在當時，中國人在美國是沒可能有這樣的成就的。中國動盪的政局迫使他在 1929 年帶同妻子連同五名子女返回沙加緬度。由於對中國人的歧視，他無法再找到工程師的工作，於是運用他年青時學到的中醫術，在沙加緬度 J 街 707 號，即是他的叔叔和祖父 Yee Fung Cheung 醫館所在的同一座建築內開業行醫。亨利成為美國華僑的領袖，參與了好幾個沙加緬度的社區組織。

　　余家的成功故事得以延續。Yee Fung Cheung 的後代 —— 他的兒子 Yee Lok Sam 和孫子亨利・余的子孫 —— 都是沙加緬度和史托克頓傑出的中醫、醫生和牙醫。Yee Fung Cheung 一家在加州已經傳至第七代了。Yee Fung Cheung 的玄孫 Wesley Yee 醫生仍在沙加緬度 J 街 707 號的牙科診所執業。

　　Herbert K. 余醫生緊隨父親亨利的足跡，成為出色的牙醫，也是社

區服務的領袖。他獲得很多獎項和榮譽，並且在他的母校沙加緬度太平洋大學設立了獎學金鼓勵入選的牙科學生。他也沒有忘記自己在非立當和中國的根。與其他在美國發了跡的廣東人一樣，他捐助在中國的家鄉——台山縣的聖堂村。1981 年，他贊助在當地建築新的小學校舍，可以容納附近 6 個村 400 名學生。他也成為沙加緬度拓荒者協會（Sacramento Pioneer Association）的首位亞裔會員。

Herbert K. 余醫生在一次訪問中描述：

> 我們尊敬我們的祖先、我的父母輩，而這種尊敬之情引伸到百多年前最早從中國到來的余氏，他的作息起居都是在非立當那斗室內。假如把那房子拆卸或毀掉，我們無法不感到情如刀割。因為那座建築已經成為我們的根的象徵。

余醫生與妻子 Inez 在多方面捐助非立當，他們積極推動保存華埠，又慷慨捐款修復朝記雜貨店和賭館。他的幾個兒子和家人繼續參與非立當的事務。

Herbert K. Yee 在朝記銘碑前

# 保存非立當的華人史跡

## 朝記及賭館的業權

　　馮秋有在 1965 年去世之後，朝記的物業估值為 $1,400。由於秋有沒有訂下遺囑，又沒有立繼承人，他的產業按法例收歸加州政府。為了保留鎮上的單室學校而在 1964 年成立的非立當保育會（Fiddletown Preservation Society）敦促阿瑪多爾郡在州的公開拍賣上買下朝記雜貨店和華人賭館。當時朝記雜貨店還正面臨被拆毀的危機。保育會的發言人 Albert Schoonover 更加意識到雜貨店的夯土建築以及店內物品的珍貴，向郡政府提議把房子列作歷史古跡；交由保育會把朝記雜貨店改成博物館管理。最終，在接受這批建築的過程中，阿瑪多爾郡政府在 1967 年 6 月與非立當保育會訂約，訂明保育會有限度的營辦及開放兩座「馮秋有建築」。

　　1968 年 2 月 24，朝記雜貨店正式成為歷史古跡，由非立當保育會及阿瑪多爾郡歷史及古跡委員會贊助。三藩市美國華人歷史學會的歷史學家胡垣坤出席了開幕慶典，嘉賓有 200 多人，很多都是華僑。在所有文物中，朝記雜貨店的土磚建築特別矚目，那是一種在中國常見的建築模式，但在加州卻是獨一無二。當時，報章開始探討非立當華埠的故事，並標榜它的規模是僅次於三藩市的華埠。

　　與此同時，非立當保育會開始整理盈箱滿篋的文件（包括秋有積累的報紙）以及數以千計的文物，把它們清潔整理後展覽。華人歷史學家 —— 包括胡垣坤和美國華人歷史學會的會員，鑒定了一些珍貴罕見的中文書籍。一些熱心的志願者在間歇的週末把雜貨店作為博物館開放

給團體參觀。

朝記雜貨店的業權和保留與否兩度岌岌可危。1975 年，阿瑪多爾郡財務稅收局因為雜貨店欠交 1966 年的物業稅 14.54 元，把物業轉讓給加

復修前的朝記　阿瑪多爾郡檔案

州政府。在公開拍賣雜貨店之前，郡政府可以選擇接收它。此外，朝記雜貨店是一塊更大的土地其中一部分，卻從沒有分開的獨立地契，結果要花很多年才把業權釐清。待所有事宜得以解決後，非立當保育會繼續承擔管理雜貨店和其中文物的責任。

## 石灰石礦場爭議

雜貨店面臨另外一個更嚴重的威脅。非立當的歷史建築有可能受 1974 年擬於非立當東南面 3 哩開建的石灰石礦場所危及，該建議由科羅拉多州的 Ideal Basic 工業（又名 Ideal 混凝土公司）提出。計劃中是每年開採 150,000 噸石灰石，由 36 噸重的貨車負載經過非立當狹窄的大街運輸。在繁忙的時段，鎮上每六至十分鐘便會有貨車隆隆輾過，震動會危及歷史建築，特別是非立當的中國建築。預算石礦場的露天開採會長達超過四十五年。

關注事件的非立當保育會成員（全部都是非華裔）籌劃反對興建石礦場的運動，他們還列舉了噪音、空氣污染和大街安全為理由。該會

與阿瑪多爾歷史學會聯合提出訴訟，要求郡政府終止批准興建石礦場。
超過四年，非立當保育會苦苦抗爭。非立當社區亦分成兩個陣營：支
持興建石礦場的和反對的。爭議得到沙加緬度、三藩市，甚至洛杉磯
報章的報道。最後，在 1978 年 5 月，阿瑪多爾規劃委員會（Amador
Planning Commission）在一次 300 人出席的會議上否決了計劃，會議上
有 Herbert K. Yee 醫生的慷慨陳詞，還有加州州務卿余江月桂（March
Fong Eu）的反對信，以及歷史學會會議的代表發人深省的演說。

　　幾個月之後，Ideal Basic 工業提出另一項建議，興建一條運輸繞
路穿越非立當的華人墓園歷史遺跡，結果引來更大的反對，而這一次是
來自華人組織。面對重重爭議以及更大的開支，Ideal 最終放棄計劃。
非立當的保育人士雖然只有區區 112 人，卻打贏了這一場仗。

## 非立當歷史古跡區：國家註冊進展

　　正當反對興建石礦場的行動在進行的時候，非立當保育會在主席
Marie Scofield 的領導下，提名非立當為國家註冊歷史古跡。他們希望
為申請撥款保護和修復鎮上的歷史古跡鋪路，以及阻止使用聯邦撥款擴
闊馬路。1978 年 6 月 7 日，非立當接到美國國家公園管理局（National
Park Service）正式通知，連同 18 個重要歷史古跡確立為歷史古跡區。
名單中包括好幾座建於 1850 年代及 1860 年代的建築物，當中有朝記
雜貨店、華人賭館、華人的私人夯土屋和華人雜貨店（富記雜貨店）。

　　當有關石礦場的爭議正在進行的同時，盤點朝記雜貨店內物件的
工作在 1977 年 12 月得到一筆撥款之下開始了。該筆款項由南加州華
人歷史學會撥給 Nancy Wey；她有東方美術的博士學位，一向對朝記雜

貨店着迷。Wey 並不符合合約開列的條件，但她成功在多份報章——包括《三藩市觀察家報》（*San Francisco Examiner*）、《三藩市記事報》（*San Francisco Chronicle*）宣揚朝記雜貨店收藏品的無價寶以及馮秋有的生平。1979 年 7 月 29 日的報章刊登了她的文章〈非立當華人的過去〉（"Fiddletown's Chinese Past"）。在這一篇文和較早時候登在《阿瑪多爾特派》的報道中，她推斷秋有從沒有離開非立當尋找更好的機遇，是因為他認為自己是雜貨店的守護者而並非業主，他希望能為後代保留雜貨店。在她筆下，秋有是一個好靜孤獨的人，「他沒有為了令自己舒適一點而改變雜貨店的內部；唯一的現代化設施只是電力。」是的，秋有就像是糧倉鼠，他住在雜貨店裏，但他有做過一些改動，加了一些自己的東西，甚至也變賣了一些店裏的文物。還有的是他有很多好朋友。

雜貨店經過清理，物件重新擺放，在 1980 年逢週末在非立當保育會主持下作為博物館開放。不過，建築物本身的情況是一個嚴重的問題，而屋子後面由朝記和細彩加建的木構部分並不在開放範圍。

## 修復朝記雜貨店

修復朝記雜貨店的工作待至 1987 年才開始，距離馮秋有去世已經超過 20 年了。早在 1984 年，Yee Fung Cheung 的玄孫 Herbert K. Yee 醫生已經提醒阿瑪多爾郡市參事委員會可以透過加州 18 號提案（California's Proposition 18）（加州公園及設施提案）申請撥款以挽救情況日漸惡化的朝記雜貨店。「我希望大家能攜手保護這一個重要的地標，使它免於分崩瓦解，從而保留一份豐富的中華文化遺產，使我們的後代能欣賞並引以為傲。」

　　在阿瑪多爾郡的支持下，非立當保育會獲得加州公園及康樂管理局屬下古跡保存部撥款 88,000 元，以及 Herbert Yee 醫生捐助 10,000 元。非立當保育會及華人組織另外捐款 2,000 元。負責文化資源管理的 Foothill Resources 有限公司的合夥人、考古學家 Julia Costello 博士，以及歷史建築學家 Judith Marvin 幫助申請撥款以及監督修復計劃的各項工作。

　　在開始重建房子後面木構部分——兩個廚房和馮秋有的寢室和起居室之前，先把裏面的物件清理出、登記、分類，然後逐一拍照。為了建一條暗渠把會造成破壞的地下水引離土牆，在屋的四周進行了考古發掘。在過程中找到的文物包括中國瓷器和瓦器的碎片、鴉片煙罐和玻璃瓶子。

　　整個修復工程包括鋪上新的木瓦屋頂、加固和修補夯土牆、重建和整合木構的附加部分、修葺棚屋和其他項目，工程由 Rammed Earth Works 的 David Easton 負責。當屋頂最先修復好的時候，因為要回復它本來的陡斜式而作出了改變，惹來一些看慣了房子在 1950 年代模樣的當地人批評。不過，無論是屋頂還是屋身，經過修復後都重現本來夯土構造的特色。

　　在同一年，從聯邦政府的博物館及圖書館服務協會（Institute of Museum and Library Services）獲得更多撥款，用以保存朝記雜貨店和阿瑪多爾郡博物館（Amador County Museum）的收藏。撥款申請書由歷史學家 Judith Marvin 執筆，她在裏面申明：「朝記雜貨店不單是阿瑪多爾郡博物館唯一最重要的館藏，並且是加州與西部認可的寶庫。」屋崙博物館（Oakland Museum）的專家們開列了保護工作所需，考古學家

Jane Russell 聯同一班志願人士完成了盤點雜貨店內的物件。那是一項龐大吃力的工作，因為經過超逾一個世紀的累積，店內的文物是數以千計。不過，仍然亟需另一筆撥款來保存這些文件以及雜貨店的內部，可是卻未有着落。

多虧得到一班工程師、考古學家、非立當保育會的成員、Marvin 與 Costello 在史托克頓聖華金三角洲學院（聖華金三角洲學院）的學生 [31]，以及很多志願人士的努力，朝記雜貨店的修復工作在 1987 年峻工。此外，Yee Fung Cheung 醫師儲存在抽屜內的草藥和藥物由太平洋大學（University of the Pacific）藥劑學系的學生在得到在中國任藥劑師的親戚協助下亦得以辨識。

在開展工程中，朝記雜貨店的修復工作得到廣泛宣傳。很多報章都刊登了有關雜貨店的主人 —— Yee Fung Cheung 中醫、商人朝記和妻子細彩，更加有馮秋有，以及雜貨店的歷史價值的報道。1989 年 5 月，非立當保育會與余氏宗親會（Yee Family Association）得到加州州長喬治‧杜美金（George Deukmejian）的嘉許狀，表揚他們對保育朝記雜貨店的貢獻。州長寫道：「非立當保育會一直以來倡導並致力保存這一間收藏了 19 世紀無可替代的中國草藥的夯土建造土磚房子，使之成為獨特和重要的資源，尤其值得表揚。」

---

31　在聖華金三角洲學院上 Judith Marvin 博物館學班的學生參與了文物分類及拍攝的工作，而在同一學院上 Julia Costello 的考古學班的學生參與了考古發掘。

朝記 2008 年　D. Zorbas

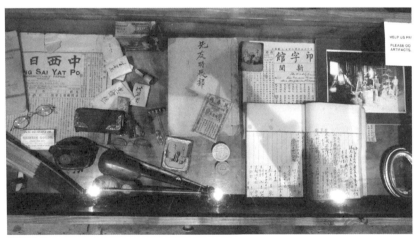

朝記展品　D. Zorbas

## 修復華人建築計劃：修復賭館與華人雜貨店

　　非立當華埠還有兩座歷史性建築物正處於瀕危甚至倒塌的險況。這兩座建築曾經是華埠不可或缺的部分，與朝記雜貨店同樣重要。阿瑪多爾郡屋宇署署長在 1975 年宣佈華人賭館為危樓。雖然非立當保育會在那一年用鐵皮更換了屋頂和修補了地板，但保育的工作無以為繼。兩座建築物都是在 1850 年代末或 1860 年初期建造。賭館由中國工人興建，以山坡為後牆。每一座建築都有閣樓——富記雜貨店用來存貨，也可能是賭館歌妓娛賓的場地。

　　新千禧年來臨，華人賭館前面的磚塊剝離石牆。華人雜貨店（富記）前面窗底下的磚出現大條裂痕，而整座房子也不穩固。雖然後者由私人擁有，它的業主 Richard Stanley 與 Anne Hellman 認為這樣的歷史建築應該屬公眾所有。他們 2000 年把這座兩層高的華人雜貨店捐給阿瑪多爾郡，得到非立當保育會答應代表阿瑪多爾郡申請撥款保存該建築。

　　非立當保育會稱保存兩座華人建築的工程為「修復華人建築計劃」（ROCS）（Restoration of Chinese Buildings）。由於得到阿瑪多爾郡的參與，以及 Judith Marvin 負責寫申請書，在 2002 年 11 月獲得加州歷史文物保護局（California Office of Historic Preservation）按加州文物保護基金會撥款計劃（12 號提案）撥款 203,200 元。由於這是一項等額資助，隨後的幾年便展開廣泛的宣傳，引起公眾對計劃的關注和籌款。非立當保育會的成員首先在 2005 年舉辦了年度「中華傳統日」，活動包括演講、簽書會、音樂演奏、中華文化示範表演等，吸引了從沙加緬度、三藩市灣區及鄰近郡縣的華人和其他人到來參觀。

　　還有較小的資助來自本地和華人組織，亦有熱心人士——包括

Herbert 與 Inez Yee 及孫 Darren, 兒媳 Karun 和兒子 Doug 贈送
修復華人建築計劃支票予本書作者

Herbert K. 余醫生的捐款。經過一輪熱烈的競投，三藩市的 Garavalia
建築公司在 2006 年獲得維修保活兩幢危樓的工程合約。與朝記雜貨店
不同，華人雜貨店和賭館屋內是空蕩蕩的，只有賭館的牆糊了用來遮蓋
的報紙，但後來在工程中也給移走了。要修復這些罕有的建築是一項挑
戰，因為必須對 19 世紀中葉的房子有充分的認識和建築技巧。

　　不過，要直到 2008 年，在獲得一項更具競爭性的資助計劃 —— 加
州文化及歷史資助基金（California Cultural & Historical Endowment）的
撥款 208,000 元，以及籌到等額的款項，工程才得以展開。非立當保育
會的 Carl McDanel 和 Jack Feichtner 任項目經理，負責依 Garavalia 建
築公司擬訂的工程計劃監督工程財務與進展。兩座脆弱的房子歷經水
和時間的侵蝕破壞，與朝記雜貨店一樣需要特別的排水措施。專家石
匠用舊磚和與原材料相近的灰漿修補了缺失了和損毀了製於不同年代

的磚塊。有一些牆要完全重建，兩間房子的屋頂都要更換。到了工程末期，為了籌募更多經費，非立當保育會發起了「一磚一瓦」（Brick-by-Brick）運動，鼓勵個人與華人團體購買記念磚，這些磚現在陳列於與賭館毗鄰的記念碑上。到了修復華人建築計劃的完工階段，阿瑪多爾郡市參議會墊支了最後的開支，後來由撥款償還。

「修復華人建築計劃」的首期工程主要在鞏固建築及防風雨設施，到了 2008 年完成。非立當保育會再一次獲得州長的古跡保存獎（2010年）以及加州保育基金（California Preservation Foundation）的 2009 年度保育設計獎，還有對 Garavalia 建築公司主席 Michael Garavaglia 的嘉獎。

加州文化及歷史資助基金確認了非立當的華人建築的重要性，指出那是淘金年代華埠的罕有例子，展示了中國移民對加州歷史和文化的貢獻。華人賭館和華人雜貨店的外貌修復工程亦已完成，修復華人建築計劃的第二期工程目標在使這兩座建築成為釋意博物館，可以繼續介紹淘金熱前後有關華人在加州的故事。

Mason Leland Peterson 復修賭館　本書作者

復修後的賭館　本書作者

## 非立當的華人遺跡

　　非立當的朝記雜貨店是一個時間囊，反映了百多年的華人生活，也承載了它的住客——Yee Fung Cheung 中醫、朝記、細彩和馮秋有的生活。雜貨店內的每一件物件都是手做、從外地輸入和住在裏面的人所用過的；沒有添加任何新的東西。雜貨店現在是一座博物館，每年 4 月至 10 月的星期六下午開放。參觀的人都會為豐富的展品和家具而驚歎和着迷，當中包括精緻華美的茶箱，甚至馮秋有的辮子。雜貨店內每一間房的東西都陳列出來，使人體會到一個家以及一個從前華人商舖的樣子。

　　賭館和華人雜貨店只在非立當的特別活動中才開放。它們的內部

需要加固改善才能安全開放給公眾參觀。裏面亦需要一些現代化設施來展覽文物，包括考古學家在房子四周發掘到的文物。

　　本書寫成之際，距離朝記雜貨店進行修復工程已經二十六年了。房子的內牆出現了巨大的裂縫，而屋頂亦要替換。還有需要由專家進行的重大保護工作來清潔和保存情況惡化的紙張、紡織品和其他文物，以及防止整間店內部衰朽。朝記雜貨店的建築和其中的物品都正臨瀕危。

　　非立當是加州僅存仍然可以找到與中國移民有關的淘金時期建築的地區。朝記雜貨店是華人生活的真實紀錄，是加州淘金熱時期的遺產，任何人來參觀都會產生共鳴。它是獨一無二、絕不能失掉的歷史寶藏。

復修後的華人雜貨店　本書作者

　　由於 2008 年的經濟危機，政府用作保育的撥款 —— 尤其是加州債券已經是絕無僅有。非立當保育會只是規模細小的熱心團體，它過去曾在岌岌可危的華埠中成功拯救了一批建築，現在它更需要幫助，才可使這歷史遺產得以保存下去。

後記

# 緣起：到非立當華埠之路

　　曾經有美籍華裔的朋友問我為甚麼對中國人和他們在美國的歷史那麼感興趣。我現在嘗試在這一本隨筆中闡述一下我這一份興趣和熱愛。

　　一切從夢想和癡迷開始。我從沒想過自己選擇走的路會把我和外子從洛杉磯帶到非立當那細小的村落。1987 年，我們在那裏買下一個廢棄已久的果園和葡萄園，實現了我們在鄉郊擁有一塊土地的夢想。發現這個位於塞拉斯山脈（Sierra Foothills）的前淘金熱城鎮，使我們有機會一償一直埋藏於心，希望可以融合興趣和生活技能的心願。

　　我對歷史的熱愛可以追溯到大學時代。當時我主修歐洲歷史，然後在研究院繼續研究南北內戰，並在帕薩迪那公立圖書館進修。在那裏與一些圖書館研究員一起，我發掘到探索本土歷史的樂趣。寫作的慾望就只期待着適合的題材。

　　當我第一次踏足非立當的朝記博物館（Chew Kee Museum）時，我仿如進入另一個世界 —— 一個完全陌生的世界。那些懸吊在天花的籃子、碩大的棕色陶瓶、一排一排寫上中文字的抽屜、擺放了奇異神像的神壇、寫上黑色中文字神秘莫測的紅色條幅、許多的藥瓶子、放置了木板牀的房間、擺上算盤和中國印章的辦公室、放了砧板和中國餐具以及有灶鑊的廚房，這一切都把我迷住了。有太多東西 —— 大部分是我不認識的，像是在告訴我在那店舖裏居住的中國人的生活是怎樣的。我知道第一個店主是中醫，也知道非立當最後一名中國人 —— 也是店舖的最後一名店主是馮秋有（Jimmie Chow）。但有更多是我不知

道的：那些中國移民是誰？他們為甚麼到來？他們為甚麼會選擇在非立當落腳？又為甚麼他們沒有一個人留下來？他們去了哪裏和為甚麼要離開？

　　我渴望能多認識一點關於中國人的事，不過我明白在着手之前，必須先了解非立當的歷史。這是一個因淘金熱而建立起來的小鎮，曾經熱鬧擠擁，不過現在已經是人跡罕至人口稀少的山中小村了。所以我第一步要先去了解非立當以及加州的歷史。我開始訪問一些在非立當的長者；在訪問過程中，這些自給自足，雖然缺少現代設施卻享受到鄰里緊密關係的鄉下人使我不禁肅然起敬。在我那本 *Fiddletown: From Gold Rush to Rediscovery* 中，有兩章是關於住在非立當的中國人的。但我知道還有很多東西有待我去探索和認識。

　　我開始閱讀有關在加州的華人生活的歷史文獻，深深為他們那堅毅的精神所感動，亦為他們所受到的歧視而大感震驚。為甚麼會有人被視作異類而成為種族、宗教或族羣仇視的目標？人類天性中這醜惡的一面到底在非立當和阿瑪多爾郡起了甚麼作用？

　　2001 年，我們搬到非立當，我便有機會加入為朝記雜貨店提供導賞的非立當保育會（Fiddletown Preservation Society）。我也開始在阿瑪多爾郡檔案館當義工，那裏保存了大量有關該縣歷史的珍貴文獻。作為非立當保育會的義務講解員以及後來成為委員之一，我可以花時間在那間草藥店裏，仔細觀察許多的文物，感悟着那裏的氛圍。中國文化對我是一個謎，有待我去發掘了解。

　　當我在朝記雜貨店看到一個箱子，裏面載滿了店子的收據、信件、字條以及很多中文書籍，我便確定朝記一定有更豐富的故事。儘管商店

的文物都得到考古學家存檔記錄，但大部分用中文書寫的文獻手稿都沒有給翻譯出來或經過詳細的審閱。在徵得非立當保育會的同意下，我在2003年把大部分文獻從商店移到檔案館作編目和作永久保存。搬移的文獻中亦包括屬於馮秋有的個人文件和公文、相片和收藏品等。

　　從此，我竭力尋找有關曾在非立當和阿瑪多爾郡居住的華人的一切資料。我在縣誌室搜索所有在1850年代至1920年代間簽發給任何有中文姓名的人的契約。我在阿瑪多爾郡檔案室裏遍尋每一份涉及華人的文件——從法庭翻譯員發出的法令到查詢也有。我利用由縣檔案管理員Larry Cenotto編彙的手寫 *Amador Ledger* 報紙目錄，翻查與縣內華人居民有關的新聞報道和評論。

　　與此同時，我亦參與了非立當保育會致力保存縣內瀕臨坍塌的華人賭場和華人雜貨店的工作。我加入了沙加緬度的美籍華人組織，希望能多認識一點中國文化，以及喚起公眾對保存非立當華人房屋的關注。我幫忙籌款、申請撥款以及舉辦特別活動以推介非立當的華人歷史遺產。

　　從2003年到2006年，我打探能翻譯中文的人材。沙加緬度中華文化基金會的會員提供了一些幫助，他們協助翻譯了部分資料，其中包括一封很重要的信。亦有人向我推薦了一位專業翻譯員，他協助解譯了其他一些資料，包括在店裏找到的書籍的摘要。不過，所有這些翻譯員說的都是普通話，與當年的華人移民所說的廣東話很不同。兩種方言用來書寫的文字都是一樣，但表情達意卻有異。我找着一位從廣東來訪的年輕教師，她對朝記雜貨店也感興趣，答允翻譯其他資料——大部分都是買賣交易記錄。但仍然有很多資料有待翻譯，我卻再找不到有人可

以與我一起到阿瑪多爾郡檔案室查閱那裏所有的中文書籍和文件。

與此同時，我開始寫關於在非立當和阿瑪多爾郡的華人的資料。但要再寫一本書的念頭卻令我感到氣餒；在寫了一篇文和幾章之後，我覺得心灰意冷，簡直失去自信。我覺得自己完全不了解中國文化。

2008 年，我發現加州大學柏克萊分校的圖書編目中竟有 *Chew Kee Store Miscellany: Fiddletown, Amador County, Calif., 1882-1928*（《朝記雜貨店雜記：加州阿瑪多爾郡，非立當，1882-1928）。這真是令人振奮的發現。當中收藏的有通訊和文件，包括 Fong Chow Yow（馮秋有）的父親、兄弟和朋友給他的信。我把握先機，到柏克萊校園走訪了族裔研究圖書館。我獲准察看了兩個檔案箱子，裏面收藏了給馮秋有信的原件。雖然我不懂中文，但當我手握那些文獻的時候，我的興奮是無以名狀的。有一些信件已經給不知甚麼人翻譯出來，但有更多是尚未辨認的。這是一批來自中國的私人信件啊！我一定要弄清楚到底是寫甚麼的和發信人是誰。

我徵求得三藩市著名美籍華裔歷史學家胡垣坤（Philip Choy）的幫忙。他當時在一位來自廣東的女士協助下，正在翻譯其他資料。但我可以怎樣把信件交給他呢？我知道族裔研究圖書館把朝記雜貨店的資料複製成了微型膠卷。有一位在圖書館附近上班的非立當居民，他熱心地答應找尋那些膠卷然後複製。由於膠卷的目錄都是用中文寫的，他把首三十頁編了號以便辨認。我後來把那兩卷微型膠卷買下來，便可以複印其餘的信件了。

2008 年及 2009 年，胡垣坤與 Yuet Ho Tsui 檢視了馮秋有的信件，為我翻譯了其中最重要的幾封。垣坤很了解身處 19 世紀加州的中國

人，他指出只有熟悉美國華人歷史和廣東話的人才可以準確的翻譯那些文字資料。他解釋那些從廣東村落寄出的信件，直至到達目的地的軌跡，中途經由香港到三藩市，再輾轉於一間或多間華人商舖，才送到在礦場工作的收信人手上，可謂歷盡萬水千山。垣坤陪伴我到聖般諾的國家檔案室，我們希望在那裏可以找到線索，看看馮秋有有沒有依他的家人在家書中的央求回到中國去。可惜沒有發現明確的證據，不過我已經完全着迷，決定鍥而不捨。

根據書信中新發現的資料，我與朝記雜貨店的導賞員分享了馮秋有的故事，為歷史期刊寫了一篇文章（未有出版），並且在非立當文化遺產日的活動上演講。隨後兩年，我因為健康及個人原因，擱下了寫關於非立當華人社區的工作。

經歷了漫長的日子之後，突破終於在 2013 年到來了。非立當的考古學家 Jane Russell 介紹我認識了美國華人歷史學者及翻譯家吳瑞卿。瑞卿去過朝記雜貨店，並對那裏的歷史蘊涵留下了深刻的印象。在知悉我正在研究和着手寫關於非立當華人的時候，她渴望能與我會面。其後，她從灣區去了非立當幾次，通常都是帶上自家製的麵條。我終於找到一位精通廣東話的人與我一起到檔案室翻查我複印的材料、校對、翻譯塵封幾十年的書籍。很多書都是罕有的，揭示了那些冒險犯難遠離家鄉的中國移民當年的生活面貌。不單止協助翻譯，瑞卿更解釋了所有文獻的中國文化和風俗背景。在瑞卿身上，我看到好學求知和學問淵博的特質。我們對美國華人生活都有共同的興趣；我倆都熱愛歷史、保育和食物。在她的指導和鼓勵下，這本書才得以完成。這是一次很美妙的合作。

# 參考書目

Ball, J. Dyer. *Things Chinese, or Notes Connected with China*. London, John Murray, 1926.

Barlow, Jeffrey and Christine Richardson. *China Doctor of John Day*. Portland, Binford & Mort, 1979.

Bloomfield, Frena. *The Book of Chinese Beliefs*. N.Y. Ballantine Books, 1983.

Cenotto, Larry. *Logan's Alley: Amador County Yesterdays in Picture and Prose*. 5 vols. Jackson, Cenotto Publications, 1988-2006.

Chan, Sucheng. *This Bitter-Sweet Soil: The Chinese in California Agriculture, 1860-1910*. Berkeley, University of California Press, 1986.

Chan, Sucheung, ed. *Chinese American Transnationalism: The Flow of People, Resources, and Ideas between China and America during the Exclusion Era*. Philadelphia, Temple University Press, 2006.

Chan, Sucheng, ed. *Entry Denied: Exclusion and the Chinese Community in America, 1882-1943*. Philadelphia, Temple University Press, 1991.

Chinn, Thomas, ed. *History of the Chinese in California*. San Francisco, Chinese Historical Society of America, 1969.

Choy, Philip P. *Canton Footprints: Sacramento's Chinese Legacy*. Sacramento, Chinese American Council of Sacramento, 2007.

Choy, Philip, Lorraine Dong, and Marlon K. Hom, ed. *The Coming Man: 19th Century American Perceptions of the Chinese*. Seattle and London, University of Washington Press, 1994.

Chang, Jung. *Empress Dowager Cixi*. New York, Alfred A. Knopf, 2013.

Chung, Sue Fawn and Priscilla Wegars, ed. *Chinese American Death Rituals: Respecting the Ancestors*. Lanham, MD, Altamira Press, 2005.

Chung, Sue Fawn. *In Pursuit of Gold: Chinese American Miners and Merchants in the American West*. Urbana, University of Illinois Press, 2011.

Cook, Deborah Coleen. *Ione and the Jackson Valley*. Arcadia Publishing, Charleston, SC, 2008.

Cook, Deborah Coleen. *Jackson*. Arcadia Publishing, Charleston, SC, 2007.

Dillon, Michael. *China: A Modern History*. London, B. Tauris, 2010.

Doble, John. *John Doble's Journal and Letters from the Mines: Mokelumne Hill, Jackson, Volcano, and San Francisco, 1851-1865*.

Denver, Old West Publishing Co., 1962.

Doré, Henry. *Chinese Customs*. Singapore, Graham Brash Publishers, 1987. First published in French in 1911.

Doten, Alfred. *The Journals of Alfred Doten, 1849-1903*. edited by Walter Van Tilberg Clark. Reno, Nevada, University of Nevada Press, 1973.

Farkas, Lani Ah Tye. *Bury my Bones in America*. Nevada City, Carl Mautz Publishing, 1998.

Fregulia, Carolyn. *Italians of the Gold Country*. Charleston, SC, Arcadia Publishing, 2007.

Gong, Rosemary. *Good Luck Life: The Essential Guide to Chinese American Celebrations and Culture*. New York, HarperCollins, 2005.

*A History of the Sam Yup Benevolent Association in the United States*. San Francisco, Sum Yup Benevolent Association History Editorial Committee, 2000.

Hittell, John S. and James W. Marshall, Edwin G. Waite. *The Discovery of Gold in California*. Palo Alto, Lewis Osborne, 1968.

Hoexter, Corinne K. *From Canton to California*. NewYork, Four Winds Press, 1976.

Hodges, Graham Russell Gao. *Anna May Wong: From Laundryman's Daughter to Hollywood Legend*. Palgrave, 2004.

Hom, Marlon K. *Songs of Gold Mountain: Cantonese Rhymes from San Francisco Chinatown*. Berkeley, University of California Press, 1987.

Hsu, Madeline. *Dreaming of Gold, Dreaming of Home: Transnationalism and Migration Between the United States and South China, 1882-1943*. Stanford, Ca, Stanford University Press, 2000.

Lai, Him Mark, "Historical Development of the Chinese Consolidated Benevolent Association/Huiguan System. In *Chinese America: History and Perspectives, Chinese Historical Society of America*, 1987.

Lai, Him Mark, Genny Lim, and Judy Yung. *Island: Poetry and History of Chinese Immigrants on Angel Island, 1910-1940*. Seattle and London, University of Washington Press, 1991.

Lee, Rose Hum. *The Chinese in the United States of America*. Hong Kong University Press (Oxford University Press), 1960.

[Mason], Jesse D. *History of Amador County, California*. Oakland, Thompson & West, 1881.

*The Miner's Own Book, Containing Correct Illustrations and Descriptions of the Various Modes of California Mining*. 1858. Reprint with an Introduction by Rodman W. Paul. San Francisco, The Book Club of California, 1949.

Minnick, Sylvia Sun. *Samfow: the San Joaquin Chinese Legacy*. Fresno, Panorma West Publishing, 1988.

Reid, Daniel P. *Chinese Herbal Medicine*. Boston, Shambala Publications, 1987.

Roberts, John A.G. *A History of China*. 2d. ed. Palgrave, 2006.

Sandmeyer, Elmer Clarence. *The Anti-Chinese Movement in California*. Urbana, University of Illinois, 1939,1973.

Schwarz, Henry G., ed. *Chinese Medicine on the Golden Mountain: an Interpretive Guide*. Seattle, Wing Luke Memorial Museum, 1984.

Sinn, Elizabeth. *Pacific Crossing: California Gold, Chinese Migration, and the Making of Hong Kong*. Hong Kong, Hong Kong University Press, 2013.

Spence, Jonathan D. *The Search for Modern China*. 2d ed. New York, W.W. Norton, 1999.

Stepanchuk, Carol and Charles Wong. *Mooncakes and Hungry Ghosts*. San Francisco, China Books & Periodicals, 1991.

Sung, Betty Lee. *Mountain of Gold: the Story of the Chinese in America*. New York, Macmillan, 1967.

Sung, Vivien. *Five-Fold Happiness: Chinese Concepts of Luck, Prosperity, Longevity, Happiness and Wealth*. San Francisco, Chronicle Books, 2002.

Taylor, Bayard. *El Dorado or Adventures in the Path of Empire*. New York, Alfred A. Knopf, 1949.

Tong, Benson. *Unsubmissive Women: Chinese Prostitutes in Nineteenth Century San Francisco*. Norman, University of Oklahoma Press, 1994.

Yee, Johnny. "Anecdotes of Fiddletown." In *1978 Souvenir Book. Los Angeles Chinatown*. Los Angeles, Chinese Chamber of Commerce.

Yung, Judy, Gordon H. Chang, Him Mark Lai, ed. *Chinese American Voices: From the Gold Rush to the Present*. Berkeley, University of California, 2006.

Yung, Judy. *Unbound Feet: A Social History of Chinese Women in San Francisco*. Berkeley, University of California Press, 1995.

Yung, Judy. *Unbound Voices: A Documentary History of Chinese Women in San Francisco*. Berkeley, University of California Press, 1999.

Wegars, Priscilla, ed. *Hidden Heritage: Historical Archaeology of the Overseas Chinese*. Amityville, New York, Baywood Publishing

Company, Inc., 1993.

    Williams, Stephen. *The Chinese in the California Mines, 1848-1860*. San Francisco, R and E Research Associations, 1971.

## 數碼資料

    http://cdnc.ucr.edu/cgi-bin/cdnc (newspapers on California Digital Archive)

    http://www.cinarc.org/Freemasons.html#anchor_219: *Chinese Secret Societies/"Freemasons"*

    http:/ faculty.lls.edu/manheim/cl1/Chinese (California Constitution, Article XIX 1879)

    http://freemasonry.bcy.ca/history/chinese_freemasons/index.html

    http://www.imdb.com/name/nm0938923/bio (Anna May Wong)

    http://immigrationinamerica.org/395-burlingame-treaty-of-1868.html

    http:// oregonstate.edu/cla/polisci/sahr/sahr

    http://en.wikipedia.org/wiki/Opium

    http://en.wikipedia.org/wiki/Anna May Wong

## 期刊文摘、論文、報告

    "An Analysis of the Chinese Question consisting of a Special Message of the Governor, and, in Reply Thereto, Two Letters of the Chinamen, and a Memorial of the Citizens of San Francisco." San Francisco, *San Francisco Herald*, 1852.

    Clebsch, William A. "Goodness Gold, and God: The California Mining Career of Peter Y. Cool, 1851-2." In *Pacific Historian*, 1966 Summer Issue, pg. 19-42. Includes transcription of Peter Cool's pocket day book from the collection of the Henry E. Huntington Library, San Marino, California.

    Costello, Julia G. "An Archive of Artifacts: The Chew Kee Store." *Pacific Discovery*, Spring 1989.

    Costello, Julia G. "Archaeological & Historical Studies at the Chew Kee Store, Fiddletown." Final Report Submitted to the County of Amador, Foothill Resource Associates, July 1988.

    Cullin, Stewart. "The Gambling Games of the Chinese in America," *Philology Literature and Archaeology*, Vol. 1, no. 4, 1891 reprinted www.gamesmuseum.uwaterloo.ca/Archives/Culin/Gambling1891/index.html

    Dunstan, Roger. "Gambling in California," Chapter 1.Sacramento,

California State Library, California Research Bureau, 2007

Heaney, Thomas, "By the Sword Still Sheathed: The Miners, the Militia, and the Amador War of 1871." Paper for History 191, Sacramento State, fall 1989.

Heaney, Thomas, "From Frontier to Company Mill Town: Sutter Creek, 1851-1881." Thesis, California State University, Sacramento, 1993.

"Herbert K. Yee: A man for all seasons." *Land Park News*, February 26, 1998, pg. 1

"Herbert J. Yee Rises to 1996 International College of Dentists Presidency." *ICD Key*, 1996

Lane, Stuart C. "A History of Volcano, Amador County from the Gold Rush to the Seventies" Master's thesis, California State University, Sacramento, 1959.

*Murder of M.V.B. Griswold by Five Chinese Assassins*. Jackson, T.A. Springer & Company, 1858. A copy is held at the Amador County Archives.

Russell, Jane. "An Ethnohistorical and Archaeological Examination of the Chew Kee (Store), Fiddletown, California." Master's thesis, California State University, Sacramento, 1991.

Thompson, Willard and Ruth. "Roots— the Saga of a Chinese-American Family Here." *Sacramento Bee*, September 18, 1988.

Tordoff, Judith D., "Test Excavations at the Block 8 Site, Ca-Ama-305/H Locus A, Drytown, Amador County, California," Sacramento, The Hornet Foundation of California State University, Sacramento, California for the California Department of Transportation, February, 1987.

Yee, Franklin, "The Contribution of the Yee Family to Chinese Medicine in Fiddletown and Sacramento: Yin, Yang, and the Yees." Unpublished paper for Fiddletown's second Annual Chinese Heritage Celebration, April 1, 2006.

Yee, Franklin, "The Chinese Doctor's Role." *Sierra Sacramento Valley Medicine*, March/April, 2004.

## 訪問

"James Yep, telephone interviews, September 5, 2006 and March 5, 2014

Munden Michel, telephone interview, March 4, 2014

Daniel and Art Lee, telephone conversation, April 5, 2013 and July

21, 2013.

Mary Lawrence – Postmaster, Fiddletown," interview and transcript by Cedric Clute. Tape #24, March 1979. Amador County Museum and Amador County Historical Society.

Wey, Nancy. "Oral History Interview with Dr. Herbert Yee, Great-Grandson of Dr. Fan-Chung Yee." June 4, 1978. Transcript of tape recording. *Nancy Wey Papers*, Ethnic Studies Library, University of California, Berkeley.

Yee, Herbert K. "Speech to Sacramento Historical Society." January 16, 1988. Sacramento, Sun Yat Sen Memorial Hall. Transcription of tape recording.

## 檔案資料

Amador County.
      Assessment Records, 1855, 1856, 1878, 1892
      Indexes to Assessment Rolls, 1881-1889
      Board of Supervisors Minutes, October 1854-May 1855
      Business licenses, 1863-1870
      Deeds and Grantee-Grantor Index, 1854-1920
      Inquests
      Judges Certificates, 1870, 1871
      Justice Returns in Criminal Cases, 1864-1865
      Probate Records (selected)
      Road Overseer's Reports, 1860s
      Township Maps, 1870-1871

Amador County District Court, 11th Judicial District, Yee Lung, vs. Sutter Canal & Mining Company, E. Ginocchio, etc., "Deposition for Proof of Debt No. 1, Claim of Ye Lung,"

*Chew Kee Store Miscellany* collection, Ethnic Studies Library, University of California, Berkeley

Chinese language books and documents from the Chew Kee Store and Amador County Archives

Isaac Cooper Journal, 1891-1892. [unpublished]

Payroll of Men Employed by the Oneida Mining Co., September, 1871- February 1878

Spencer Richard's Letter to his friend Warren, Fiddletown, June 26, 1855(?), Bancroft Library, University of California, Berkeley, BANC MSS C-B 547:26

U.S. Census of Population, Amador County, 1860-1930

## 本書專有名詞英漢對照表

| 英文 | 中文 |
| --- | --- |
| Ah Choy | 阿蔡 |
| Ah Ping | 阿炳 |
| Ah Sam | 阿三 |
| Ah | 阿 |
| Alien Land Act | 外籍人士土地法 |
| Amador County | 阿瑪多爾郡 |
| Amador County Board of Supervisors | 阿瑪多爾郡市參事委員會 |
| Amador County Building Director | 阿瑪多爾郡屋宇署署長 |
| Amador County Deeds Grantor Index | 阿瑪多爾郡契約授予人索引 |
| Amador County Historical Society | 阿瑪多爾歷史學會 |
| Amador County Laborer's Association | 阿瑪多爾郡工人協會 |
| Amador County Museum | 阿瑪多爾郡博物館 |
| Amador County Treasurer-Tax collector | 阿瑪多爾郡財務稅收局 |
| *Amador Dispatch* | 《阿瑪多爾特派》 |
| *Amador Ledger* | 《阿瑪多爾分類》 |
| Amador Planning Commission | 阿瑪多爾規劃委員會 |
| *Amador Record and Ledger* | 阿瑪多爾記錄與分類 |
| American Expeditionary Force | 美國遠征軍 |
| Auburn | 奧本 |
| Bigler | 比格萊爾 |
| Brick-by-Brick campaign | 「一磚一瓦」運動 |
| Burlingame Treaty | 蒲安臣條約 |
| Bun Yiu | 彬姚 |
| Calaveras County | 卡拉韋拉斯郡 |
| California | 加利福尼亞州 |
| California Cultural & Historical Endowment | 加州文化及歷史資助基金 |
| California Heritage Fund Grant Program | 加州文物保護基金會撥款計劃 |
| California Office of Historic Preservation | 加州歷史文物保護局 |
| California Park and Facilities Act | 加州公園及設施法案 |
| California Parks and Recreation Department | 加州公園及康樂管理局 |
| California Preservation Foundation | 加州保育基金 |
| California's Proposition 18 | 加州十八號提案 |
| California Secretary of State | 加州州務卿 |

| California State Assembly | 加州議會 |
|---|---|
| Camanche | 卡曼奇 |
| Cemetery Record Book | 公墓記錄部 |
| Chew Kee | 朝記 / 顏朝 / 顏滿朝（朝記是人名也是店名） |
| Chew Kee Store | 朝記雜貨店 |
| Chew Yee Association | 昭義公所 |
| Chester A. Arthur | 切斯特・艾倫・阿瑟 |
| Cheung How Cheung | 張考 |
| Chico | 奇科 |
| Chinese Exclusion Act of 1882 | 1882 年排華法 |
| Chinese Gambling Hall | 華人賭館 |
| Chinese General Store | 華人雜貨店（富記） |
| China Graveyard Road | 華人公墓路 |
| Chinese Historical Society of America | 美國華人歷史學會 |
| Chinese Historical Society of Southern California | 南加州華人歷史學會 |
| Chinese Camp | 中國營區 |
| Chinese Consolidated Benevolent Association | 中華總會館 |
| Chinese Heritage Day | 中華傳統日 |
| Chinese Masonic Lodge | 致公堂 |
| Chinese Six Companies | 六大公司 |
| Chong How Benevolent Association | 昌後善堂 |
| Chong How Tong | 昌後堂 |
| Chow | 馮秋有 |
| Clinton | 克林頓 |
| Comstock Lode | 康斯托克礦脈 |
| Conference of Historical Societies | 歷史學會會議 |
| Cosumnes Mining and Ditching Company | 蘇科門斯採礦及挖溝公司 |
| Cosumnes River | 科蘇門斯河 |
| Dry Creek | 乾溪谷 |
| Drytown | 德賴敦 |
| El Dorado County | 埃爾多拉多郡 |
| Feng Chow Yow | 馮秋有 |
| Feng Qiu You | 馮秋有 |
| Fiddletown | 非立當 |

| | |
|---|---|
| Fiddletown Preservation Society | 非立當保育會 |
| Fook Tai Chong | 福泰廠 |
| Fu Kee | 富記 |
| Fung Fong | 馮貺，馮晃 |
| Ga Gum Yuk | 叚金玉 |
| Geary Act | 基瑞法案 |
| George Deukmejian | 喬治・杜美金 |
| Griswold | 格里斯瓦得 |
| Henry Yee | 亨利・余 |
| Historic Preservation Award | 古跡保存獎 |
| Hoy Kee & Co. | 海記 |
| Huiguans | 會館 |
| Indian Creek | 印第安溪谷 |
| Institute of Museum and Library Services | 博物館及圖書館服務協會 |
| Ione | 艾奧尼 |
| Ione Valley Echo | 艾奧尼谷之聲 |
| Jackson | 昃臣 |
| Jackson Civic Center | 昃臣市政中心 |
| Jackson Gate | 昃臣門 |
| Jeng Ting | 鄭廷 |
| Jimmie Chow | 馮秋有 |
| John Doble | 約翰・杜保 |
| John Ford | 約翰・福特 |
| John Wayne | 尊榮 |
| Justice of the Peace | 治安法院 |
| Kempenich | 肯佩尼希 |
| Lau Wai | 劉為 |
| Lee Kee | 利記 |
| Leland Stanford | 利蘭・史丹福 |
| Leung Yiu Tai | 梁耀泰 |
| Lai Yuen | 麗源 |
| Lodi | 洛迪 |
| Main Street | 大街 |
| Manteca Cannery | 曼特卡罐頭食品廠 |
| March Fong Eu | 余江月桂 |
| Mare Island | 馬雷島 |

| | |
|---|---|
| Sammy's Café | 森美咖啡店 |
| San Francisco | 三藩市 |
| *San Francisco Chronicle* | 《三藩市記事報》 |
| *San Francisco Examiner* | 《三藩市觀察家報》 |
| San Joaquin Delta College | 聖華金三角洲學院 |
| San Joaquin River | 聖華金河 |
| Scott Act | 斯科特法案 |
| Shenandoah Valley | 仙樂都谷 |
| Sierra Nevada | 塞拉斯山脈 |
| Sigh Choy | 細彩（顏朝妻子） |
| Sigh（sai）Huk | 細克婆 |
| Sing Choy | 勝彩 |
| Sing Wo | 昇和 |
| Sons of Temperance | 禁酒之子 |
| Stephen Davis | 斯蒂芬・迪維士 |
| Stephen Kane Davis | 斯蒂芬・凱恩・迪維士 |
| Stockton | 斯托克頓 |
| Sunning | 新寧 |
| Sutter Canal & Mining Company | 塞特運河及礦務公司 |
| Sutter Creek | 塞特溪 |
| Sutter Creek Road | 塞特溪路 |
| Sze Yup | 四邑 |
| Toishan | 台山 |
| Truckee | 特拉基 |
| Tse Duk | 謝德 |
| Tung Wah Gee Shaw Company | 東華義所 |
| Tuolumne County | 圖奧勒米縣 |
| University of the Pacific | 太平洋大學 |
| *Volcano Weekly Ledger* | 《火山區每週分類》 |
| Wai Lung Yee（Wei Long Er） | 衛龍兒 |
| Weaverville | 威瓦維爾 |
| Wong Bok Yue | 黃伯耀 |
| Wong Yun | 黃恩 |
| Yau Choy | 有彩 |
| Yee Chow Sung | 余就生 |
| Yee Family Association | 余氏宗親會 |

| | |
|---|---|
| Yee Fung Cheung | 只知為余姓，中文名缺 |
| Yee Sing Wo | 余星和 |
| Yee Quan Wo | 余均和 |
| Yee Wun | 余煥 |
| Yee Yuke | 余煜 |
| Yeung Chow | 楊就 |
| Yeung Choy Gwong | 楊才光 |
| Yeung Sing | 楊升 |
| *Young China* | 《少年中國日報》 |
| Zhu Liao（Jook Liu Tsuen） | 竹寮村 |